国家"双一流"建设学科
辽宁大学应用经济学系列丛书

学术系列

总主编◎林木西

科学研究支撑"双一流"大学
创新型人才培养的路径研究

Research on the Path of Scientific Study Supporting
the Cultivation of Innovative Talents in"Double First-Class" Universities

吴云勇　付　静　管雪钰　著

中国财经出版传媒集团

经济科学出版社
Economic Science Press

图书在版编目（CIP）数据

科学研究支撑"双一流"大学创新型人才培养的路径
研究/吴云勇，付静，管雪钰著. —北京：经济科学
出版社，2020. 11

（辽宁大学应用经济学系列丛书. 学术系列）
ISBN 978 - 7 - 5218 - 2004 - 1

Ⅰ.①科… Ⅱ.①吴…②付…③管… Ⅲ.①高等
学校 - 人才培养 - 研究 - 中国 Ⅳ.①G649.2

中国版本图书馆 CIP 数据核字（2020）第 206312 号

责任编辑：于　源　王芝文
责任校对：李　建
责任印制：范　艳　张佳裕

科学研究支撑"双一流"大学创新型人才培养的路径研究
吴云勇　付　静　管雪钰　著
经济科学出版社出版、发行　新华书店经销
社址：北京市海淀区阜成路甲 28 号　邮编：100142
总编部电话：010 - 88191217　发行部电话：010 - 88191522
网址：www. esp. com. cn
电子邮箱：esp@ esp. com. cn
天猫网店：经济科学出版社旗舰店
网址：http://jjkxcbs. tmall. com
北京季蜂印刷有限公司印装
710×1000　16 开　13. 25 印张　200000 字
2021 年 11 月第 1 版　2021 年 11 月第 1 次印刷
ISBN 978 - 7 - 5218 - 2004 - 1　定价：48. 00 元
（图书出现印装问题，本社负责调换。电话：010 - 88191510）
（版权所有　侵权必究　打击盗版　举报热线：010 - 88191661
QQ：2242791300　营销中心电话：010 - 88191537
电子邮箱：dbts@ esp. com. cn）

总　序

　　本丛书为国家"双一流"建设学科"辽宁大学应用经济学"系列丛书，也是我主编的第三套系列丛书。前两套系列丛书出版后，总体看效果还可以：第一套是《国民经济学系列丛书》（2005年至今已出版13部），2011年被列入"十二五"国家重点出版物出版规划项目；第二套是《东北老工业基地全面振兴系列丛书》（共10部），在列入"十二五"国家重点出版物出版规划项目的同时，还被确定为2011年"十二五"规划400种精品项目（社科与人文科学155种），围绕这两套系列丛书取得了一系列成果，获得了一些奖项。

　　主编系列丛书从某种意义上说是"打造概念"。比如说第一套系列丛书也是全国第一套国民经济学系列丛书，主要为辽宁大学国民经济学国家重点学科"树立形象"；第二套则是在辽宁大学连续主持国家社会科学基金"八五"至"十一五"重大（点）项目，围绕东北（辽宁）老工业基地调整改造和全面振兴进行系统研究和滚动研究的基础上持续进行探索的结果，为促进我校区域经济学学科建设、服务地方经济社会发展做出贡献。在这一过程中，既出成果也带队伍、建平台、组团队，使得我校应用经济学学科建设不断跃上新台阶。

　　主编这套系列丛书旨在使辽宁大学应用经济学学科建设有一个更大的发展。辽宁大学应用经济学学科的历史说长不长、说短不短。早在1958年建校伊始，便设立了经济系、财政系、计统系等9个系，其中经济系由原东北财经学院的工业经济、农业经济、贸易经济三系合成，财税系和计统系即原东北财经学院的财信系、计统系。1959年院系调整，将经济系留在沈阳的辽宁大学，将财政系、计统系迁到大连组建辽宁财经学院（即现东北财经大学前身），将工业经济、农业经济、贸易经济三个专业的学生培养到毕业为止。由此形成了辽宁大学重点发展理论经济学（主要是政治经济学）、辽宁财经学院重点发展应用经济学的大体格局。实际上，后来辽宁大学也发展了应用经济学，东北财经大学也发展了理论经济学，发展得都不错。1978 年，辽宁大学恢复招收工业经济本科生，1980 年受人民银行总行委托、经教育部批准开始招收国际金融本科生，1984 年辽宁大学在全国第一批成立了经济管理学院，增设计划统计、会计、保险、投资经济、国际贸易等本科专业。到 20世纪 90 年代中期，辽宁大学已有西方经济学、世界经济、国民经济计划与管理、国际金融、工业经济 5 个二级学科博士点，当时在全国同类院校似不多见。1998 年，建立国家重点教学基地"辽宁大学国家经济学基础人才培养基地"。2000 年，获批建设第二批教育部人文社会科学重点研究基地"辽宁大学比较经济体制研究中心"（2010 年经教育部社会科学司批准更名为"转型国家经济政治研究中心"）；同年，在理论经济学一级学科博士点评审中名列全国第一。2003 年，在应用经济学一级学科博士点评审中并列全国第一。2010 年，新增金融、应用统计、税务、国际商务、保险等全国首批应用经济学类专业学位硕士点；2011年，获全国第一批统计学一级学科博士点，从而实现经济学、统计学一级学科博士点"大满贯"。

在二级学科重点学科建设方面，1984 年，外国经济思想史（即后来的西方经济学）和政治经济学被评为省级重点学科；1995 年，西方经济学被评为省级重点学科，国民经济管理被确定为省级重点扶持学科；1997 年，西方经济学、国际经济学、国民经济管理被评为省级重点学科和重点扶持学科；2002 年、2007 年国民经济学、世界经济连续两届被评为国家重点学科；2007 年，金融学被评为国家重点学科。

在应用经济学一级学科重点学科建设方面，2017 年 9 月被教育部、财政部、国家发展和改革委员会确定为国家"双一流"建设学科，成为东北地区唯一一个经济学科国家"双一流"建设学科。这是我校继

1997 年成为"211"工程重点建设高校 20 年之后学科建设的又一次重大跨越，也是辽宁大学经济学科三代人共同努力的结果。此前，2008 年被评为第一批一级学科省级重点学科，2009 年被确定为辽宁省"提升高等学校核心竞争力特色学科建设工程"高水平重点学科，2014 年被确定为辽宁省一流特色学科第一层次学科，2016 年被辽宁省人民政府确定为省一流学科。

在"211"工程建设方面，在"九五"立项的重点学科建设项目是"国民经济学与城市发展"和"世界经济与金融"，"十五"立项的重点学科建设项目是"辽宁城市经济"，"211"工程三期立项的重点学科建设项目是"东北老工业基地全面振兴"和"金融可持续协调发展理论与政策"，基本上是围绕国家重点学科和省级重点学科而展开的。

经过多年的积淀与发展，辽宁大学应用经济学、理论经济学、统计学"三箭齐发"，国民经济学、世界经济、金融学国家重点学科"率先突破"，由"万人计划"领军人才、长江学者特聘教授领衔，中青年学术骨干梯次跟进，形成了一大批高水平的学术成果，培养出一批又一批优秀人才，多次获得国家级教学和科研奖励，在服务东北老工业基地全面振兴等方面做出了积极贡献。

编写这套《辽宁大学应用经济学系列丛书》主要有三个目的：

一是促进应用经济学一流学科全面发展。以往辽宁大学应用经济学主要依托国民经济学和金融学国家重点学科和省级重点学科进行建设，取得了重要进展。这个"特色发展"的总体思路无疑是正确的。进入"十三五"时期，根据"双一流"建设需要，本学科确定了"区域经济学、产业经济学与东北振兴""世界经济、国际贸易学与东北亚合作""国民经济学与地方政府创新""金融学、财政学与区域发展""政治经济学与理论创新"五个学科方向。其目标是到 2020 年，努力将本学科建设成为立足于东北经济社会发展、为东北振兴和东北亚区域合作做出应有贡献的一流学科。因此，本套丛书旨在为实现这一目标提供更大的平台支持。

二是加快培养中青年骨干教师茁壮成长。目前，本学科已形成包括长江学者特聘教授、国家高层次人才特殊支持计划领军人才、全国先进工作者、"万人计划"教学名师、"万人计划"哲学社会科学领军人才、国务院学位委员会学科评议组成员、全国专业学位研究生教育指导委员会委员、文化名家暨"四个一批"人才、国家"百千万"人才工程入选者、国家级教学名师、全国模范教师、教育部新世纪优秀人才、教育部高等学校教学指导委员会主任委员和委员、国家社会科学基金重大项目首席专家等在内的学科团队。本丛书设学术、青年学者、教材、智库四个子系列，重点出版中青年教师的学术著作，带动他们尽快脱颖而出，力争早日担纲学科建设。

三是在新时代东北全面振兴、全方位振兴中做出更大贡献。面对新形势、新任务、新考验，我们力争提供更多具有原创性的科研成果、具有较大影响的教学改革成果、具有更高决策咨询价值的智库成果。丛书的部分成果为中国智库索引来源智库"辽宁大学东北振兴研究中心"和"辽宁省东北地区面向东北亚区域开放协同创新中心"及省级重点新型智库研究成果，部分成果为国家社会科学基金项目、国家自然科学基金项目、教育部人文社会科学研究项目和其他省部级重点科研项目阶段研究成果，部分成果为财政部"十三五"规划教材，这些为东北振兴提供了有力的理论支撑和智力支持。

这套系列丛书的出版，得到了辽宁大学党委书记周浩波、校长潘一山和中国财经出版传媒集团副总经理吕萍的大力支持。在丛书出版之际，谨向所有关心支持辽宁大学应用经济学建设与发展的各界朋友，向辛勤付出的学科团队成员表示衷心感谢！

林木西

2019 年 10 月

前　言

优秀的人才，是一个国家屹立世界前沿的基石。"双一流"大学不仅是我国优秀人才的诞生地，也是很多重要科学研究成果的诞生地。当今社会对人才的要求，除了需要具备渊博的知识储备之外，还要具备强大的创新精神和创新能力，能够运用新的知识和技能来解决实际问题。由此看来，"双一流"大学将科学研究与创新型人才培养紧密结合已成为时代要求和必然趋势。本书是教育部人文社会科学研究规划基金项目——我国科学研究支撑"双一流"大学创新型人才培养的路径研究（19YJA880067）的最终成果之一。

本书遵循从应然到实然再回到应然的研究范式，依次展开理论研究、实证研究、比较研究以及对策研究。我们通过分析收集到的文献资料、问卷资料和访谈资料，发现当今"双一流"大学的科研与教学仍然存在些许失衡，"双一流"大学学生科研意识有待提高，且相关的教研机制仍需完善。所以，当前尤其重要的一件事就是，能够正确地认识到科学研究在"双一流"大学人才培养中的价值，把科学研究在"双一流"大学培养创新型人才过程中的作用发挥得更充分。因此，针对上述情况，我们有三点建议：其一，把科学研究活动和创新人才培养互相结合，使科研分充融入"双一流"大学人才培养中；其二，把创新型人才的培养活动注入科研中去，也就是促使"双一流"大学学生作为人才培养的主体之一直接参与研究活动，在科研活动过程中形成创新思维、锤炼创新能力；其三，"双一流"大学还应该设置一定的激励政策，完善教研机制。据此，应从四大主体入手，即教育主管部门、高校、教师、学生，搭建大学师生创新创业平台，设置激励政策，鼓励更多师生参与学术研究活动。

除前言和结语外，本书一共由9章组成。第一章是绪论部分，主要是对科学研究支撑"双一流"大学创新型人才培养路径的研究缘起、研究内容、相关文献综述、研究意义、研究方法和研究思路等进行分析，主要是为了明确研究内容和研究方向。第二章是科学研究支撑"双一流"大学创新型人才培养路径的理论探析，通过对有关的几个核心概念进行界定，探讨理论内核、特质要义等，最终构建出科学研究支撑"双一流"大学创新型人才培养的理论框架。第三章列举出科学研究支撑"双一流"大学创新型人才培养的相关政策，为本书研究提供政策文本基础。第四章构建了我国科学研究支撑"双一流"大学创新型人才培养的内生系统模型。第五章在前几章的基础上，从高校、人才、师资三个方面探讨了科学研究支撑"双一流"大学创新型人才培养的应然导向。第六章围绕收集的文献资料、问卷资料及访谈内容，对科学研究支撑"双一流"大学创新型人才培养的问题及成因进行深度分析，即通过对相关文献、问卷调查和访谈资料的整理，从科学研究与人才培养的职能、人才培养的主体及相关激励制度三个方面分析了科学研究支撑"双一流"大学创新型人才培养的现状、存在的问题，以期找出问题产生的原因。第七章是科学研究支撑"双一流"大学创新型人才培养路径的国际发展经验与启示，选取4个国家的科研育人现状，引发对我国科学研究支撑"双一流"大学创新型人才培养路径的思考。第八章以案例形式，分析了查尔姆斯理工大学是如果培养创新型人才的。第九章从教育主管部门、高校、创新型教师、创新型学生四个方面提出了科学研究支撑"双一流"大学创新型人才培养的具体路径。

目　录

第一章

绪　　论

一、研究缘起

（一）培养创新型人才是"双一流"大学肩负的重大使命

一个国家、一个民族的进步与繁荣离不开创新人才的付出与奉献，创新人才的培养离不开以大学为代表的高等院校的引导与培养。创新是国家可持续发展的引擎，是国家繁荣发展的灵魂组成。我国要提高整个社会的创新能力，需要加深公众对创新的认知和创新精神的培养，尤其是要加强学生的创新能力，这对于全面建设小康社会和实现中华民族伟大复兴的宏伟目标至关重要。

大学高水平的创新型人才培养是发展高质量高等教育的一个重要因素，是为我国建设社会主义现代化强国奠基人才基础的关键性的一步。为此，我国出台了一系列相关政策文本。例如，《统筹推进世界一流大学和一流学科建设总体方案》（以下简称《总体方案》）和《统筹推进世界一流大学和一流学科建设实施办法（暂行）》（以下简称《实施办法》）都把"在拔尖创新人才培养模式、协同育人机制、创新创业教育方面成果显著"作为人才培养方面的关键项加以列出。国务院印发的《国家教育事业发展"十三五"规划》在人才供给和高校创新能力明显提升款项中明确提出了"创新型、复合型、应用型和技术技能型人才培养比例显著提高，人才培养结构更趋合理"。习近平总书记在 2018 年全国教育大会上的重要讲话中也强调指出："加快一流大学和一流学科建设，推进产学研协同创新，积极投身实施创新驱动发展战略，着重培养创新型、复合型、应用型人才。"① 中央政策精神不仅为"双一流"大学创新型人才培养提供了目标与方向，所提出的创新型人才培养相关目的也是其内涵式发展的重要组成部分。这表明，科学研究支撑的"双一流"大学创新型人才培养是当前高等教育的关键问题。所以，如何最大限度地发挥学术和科研在"双一流"大学创新型人才培养中至关重要的作用，确定科学研究是"双一流"大学创新型人才培养的支撑，为我国的经济社会发展培养出实用性、创新型人才，是我国在新时期和新常态下需要重视的问题。

"双一流"大学建设的理念正式提出只有短短几年的时间，虽然在以往的研究中对于大学建设、科学研究、创新人才培养等方向都有过相关研究，但是对于科学研究支撑"双一流"大学创新型人才培养的整体研究还有较大的深入空间。

（二）科学研究是"双一流"大学建设的重要支撑

科学研究是高校发展的重要组成部分，高校教师和高校学生不只是单一的"教与学"的关系，他们也共同为国家的科学研究事业贡献着自己的一份力量。高校教师肩负着传道授业解惑的使命，也是国家科学前沿的科研工作者，他们不仅要做好自己的教书育人工作，也要做好自己的科研创新工作，在不同领域的发展前沿贡献着自己的光和热。高校学生在高校学习知识，也要培养自己独立思考、发现问题、解决问题、创新思考的能力，在参加科学研究的过程中逐渐成长为新一代的创新人才。因此，培养创新型人才、科学研究与"双一流"大学建设

① 周洪宇、程光旭、宋乃庆等：《学习贯彻全国教育大会精神加快推进教育现代化》，载于《陕西师范大学学报（哲学社会科学版）》2018 年第 6 期，第 5～28 页。

之间存在紧密的联系，而科学研究也是"双一流"大学建设的重要支撑，探索如何更高效地在科学研究的支撑下培养创新型人才，是"双一流"大学建设过程中需要得到解决的问题，也是本研究开展的缘起之一。

1. 科学研究对知识创造性发展具有重要作用

科学研究是指将理论应用于实践，将理论中的某些规律以及原则，应用于亟待解决的现实性问题。其优点就在于理论与实际相结合，而不是互相疏离。科学研究一般选择有价值的项目，不管是理论项目还是实践项目，研究者都要基于很多对于知识和理论的分析来解决。在教师的指导下，学生可以通过收集资料或数据，对文献进行分析处理，利用各种思维模式、方法找出问题，提出解决办法，进行研究并解决问题。在整个过程中，学生围绕着一个实际性的问题直接进行参与研究，并在问题最终得到解决后结束。学生在知识和实践经验积累的过程中，能增加其不同学科的知识储备量。在探索中科研，在科研中解决现实问题，学生不但学到了大量的科研方法，更提升了他们的整体学术实力。

目前，"双一流"大学学生接触的知识面比较广博，但是一般都较为分化，交叉学科研究相对较少。对不同学科知识的运用及处理，在科研过程中极为重要，学生在科学研究过程中不能把所有的新东西全盘接受，需要有选择地开展对新知识、新经验的积累。在新旧知识的交汇点，学生有必要重新建立一个"基础设施"系统，以便整合和完善现有分散知识，以此获得一个合理的知识体系。与此同时，不同学科的研究方法是互利的，可以为建立合理的知识结构和采用灵活的研究方法提供练习基础，通过对已有知识与新发现问题的研究与分析，在解决问题的同时创造或发现新的知识。由此可见，科学研究对知识创造性发展具有重要作用，高校科学研究对创新型人才培养的研究也具有独特的价值。

2. 科学研究在高校中对创新型人才培养具有重要作用

创新的思维方式对于创新型人才具有重要意义。创新性思维的形式可以分为发散性思维和聚合性思维。发散性思维还有它的另外一个名字，即求异思维，是从不同角度和层面表达不同意见的方式。聚合性思维的另外一个名字是求同思维，主要从习惯性角度思考问题的处理，包括演绎和归纳。使学生的创新性思维在科研的实践探索过程中培养并发展起来，其目的不仅是为了解决现存问题，还要使学生在分析和处理问题的过程中培养自身的创新能力。在科学研究的一系列过程中，否认原始结论的能力、批判性思维能力、灵活思维能力、比较分析能力和批判性推理能力是创新能力的关键要素。与学习知识不同的是，在不同学科的学术活动中，每个学科都有一个理论基础、概念应用、研究方法和特定研究对象的判断标准，不同的工具和语言结合起来，可以为学习者提供一个学习和参考不同思维方式的机会。对参与科学研究的人来说，整个科学研究的过程都是一个发现问题、处理问题、解决问题为一体的研究过程，也是一个综合性的训练过程，目的是利用各种不同的思维方式和处理方法来增强学习者的创新能力。

科学研究的过程，不但能培养学生的创业能力，也能培养学生坦然接受挫折的心理素质。百折不挠的态度、健康的心理素质、真诚与合作的团队精神以及强烈的使命感和社会责任感等，这些创新的素质都是创新人才应该拥有的。科学研究不可能一蹴而就，需要经过反复打磨。解决问题和克服困难的过程，有助于使学生的心理素质更强大，提升学生的学术品质、学术人格。特别是在取得一些成就以后，高校学生将对学习和创新更有兴趣，渴望创造更多的东西，这种精神食粮的储备会对他们提高研究兴趣、专业学习能力和进一步的创新能力更有帮助。通过与教师和同学的互动，学生们可以学会与他人合作、倾听他人的意见、明确地表达自己的意见、与他人互相认同以及分享彼此共同的成果，这提高了他们的团队精神和合作能力，从而达到提升其创新能力的目的。不仅如此，科学研究还能够培养学生对社会的责任感和使命感。学生们不但能够在科研过程中培养自身的创新能力和实践经验，还可以通过社会实践认识科学知识对自然、社会和人类的价值以及重要性，领会到整个国家和社会的进步与科学息息相关、人与世界的和谐发展离不开科学技术的支持。创新型人才不只是具有创新思维和创新能力的人，也是德智体美劳全面发展的人才，科学研究对于高校创新型人才的培养具有重要作用，值得深入研究与探讨。

二、研究内容

科学研究支撑"双一流"大学创新型人才培养研究内容的确定，主要是遵循应然——实然——应然的研究思路。本书研究内容主要包括科学研究支撑"双一流"大学创新型人才培养的理论研究、实践探索和具体路径。研究内容各有侧重，也各具特定的价值，通过理论研究把握研究的整体研究方向，为发现、解决现实问题提供理论指导与科学依据；通过实践探索了解研究课题的现实状态，掌握研究问题所处的时代背景与正面临的机遇与挑战；具体路径是解决问题最直接的指导与建议，能够更加直观地体现研究的现实意义与实践意义。

（一）科学研究支撑"双一流"大学创新型人才培养的理论研究

准确地阐释科学研究支撑"双一流"大学创新型人才培养路径的本质和特征，我们应合理地剖析科学研究支撑"双一流"大学创新型人才培养路径的各个要素，并分析各要素之间的关系，要从学理上论证构建科学研究支撑"双一流"大学创新型人才培养路径的必要性和重要意义，更要从理论上设计科学研究支撑"双一流"大学创新型人才培养路径的应然建设方略。本书的理论研究主要包括以下四章：第一章，绪论部分，主要是对科学研究支撑"双一流"大学创新型人才培养路径的研究缘起、研究内容、相关文献综述、研究意义、研究方法和研究思路等进行分析，明确研究脉络和研究方向；第二章，"双一流"大学创新型人才培养的理论内核、特质要义与建构方略，主要是通过对有关的几个核心概念进行界定，探讨理论内核、特质要义等，最终构建科学研究支撑"双一流"大学创新型人才培养的理论框架；第四章构建了我国科学研究支撑"双一流"大学创新型人才培养的内生系统模型，为研究提供了更为明确的理论框架；第五章在前一章的基础上，从高校、人才、师资三个方面探讨了科学研究支撑"双一流"大学创新型人才培养的应然导向。以上四章内容可以相互呼应地为本研究提供充分的理论支撑与指导。

（二）科学研究支撑"双一流"大学创新型人才培养的实践探索

对科学研究支撑"双一流"大学创新型人才培养的实践情况分析是从实然的角度入手，通过政策文本梳理和实际调查找出科学研究支撑"双一流"大学创新型人才培养的发展情况，对科学研究支撑"双一流"大学创新型人才培养的现状进行精确的描述和评价，并通过国际经验的总结和典型案例进行比较研究，得到具有建设意义的借鉴经验和办学启示。本书的实践探索主要包括以下四章：第三章，科学研究支撑"双一流"大学创新型人才培养相关政策梳理，通过梳理相关政策文本，明确国家和地方对科学研究、"双一流"大学建设、创新型人才培养加以支持的具体体现，为本书提供政策文本基础；第六章，围绕收集到的文献资料、问卷资料及访谈内容对科学研究支撑"双一流"大学创新型人才培养的问题成因进行深度分析，即通过对相关文献、问卷调查和访谈资料的整理，从科学研究与人才培养的职能、人才培养的主体及相关激励制度三个方面分析了科学研究支撑"双一流"大学创新型人才培养的现状、存在的问题，以期找出问题产生的原因；第七章对科学研究支撑大学创新型人才培养路径的国际经验进行梳理与借鉴，并得出符合我国国情的一些启示，选取四个国家的科研育人现状引发对我国科学研究支撑"双一流"大学创新型人才培养路径的思考；第八章以案例形式，分析了查尔姆斯理工大学是如何培养创新创业型人才的，案例的形式更加直观地展现了科学研究支撑大学创新型人才培养的实践情况，也通过对国外具体案例的分析为我国科学研究支撑大学创新型人才培养的发展提供了鲜活的借鉴经验。

（三）科学研究支撑"双一流"大学创新型人才培养的具体路径

上述对科学研究支撑"双一流"大学创新型人才培养路径理论层面和实践层面的合理性分析，最终还是要回归到科学研究支撑"双一流"大学创新型人才培养的应然分析上，即找到科学研究支撑"双一流"大学创新型人才培养应采取的路径。所以，本书最后一章，即第九章，从教育主管部门、高校、创新型教师人才培养、创新型学生人才培养四个方面提出了科学研究支撑"双一流"大学创新型人才培养的具体路径，为本书的总体研究找到解决问题的出口，再次返回应然层面反观科学研究支撑"双一流"大学创新型人才培养的具体实施策略应朝向怎样的方向发展，得出具有现实意义的具体路径。

三、文献综述

（一）研究发展动向

本研究的研究发展动向，主要可以包括根据文献来源进行横向分析和根据文献年份进行纵向分析，即通过横向分析和纵向分析来整体把握相关研究的发展动向。本研究的文献搜集与整理阶段主要是利用中国知网数据库、万方数据库，辽宁大学图书馆、中国科学院大学图书馆、沈阳师范大学图书馆等几大文献来源，分别以"大学科学研究""创新型人才培养""大学创新型人才培养路径""科学研究支撑创新型人才培养"等为关键词，对 2001 年至 2019 年间的相关文献进行检索，搜集到各类相关学术研究成果共计 328 篇。

1. 根据文献来源——横向分析

根据收集到的文献出处和数量来看，此次检索分别搜集到 205 篇期刊类文献，81 篇硕士研究生学位论文，17 篇优秀博士研究生学位论文，以及 14 篇会议论文。根据搜集到的文献数量及文献类别制作参考文献来源分布图,如图 1 - 1 所示。由图 1 - 1 所示内容可以发现,搜集到的相关文献中,期刊类论文占据文献构成中的主要位置,按照比例划分足有 70% 之多;其次是硕士学位论文,此类别的文献数量占据文献总数的比例约为 26%;优秀博士学位论文数量的占比为 3% 左右;会议论文相对较少,数量占比只有 1.44% 左右。

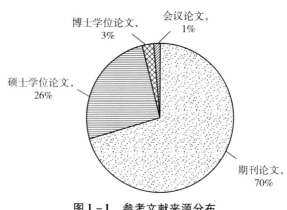

图 1 - 1　参考文献来源分布

2. 根据文献年份——纵向分析

根据搜集到的文献年份进行梳理分析,整理得到各年份的文献数量,并根据实际数据制作学术成果各年份分布统计图,如图 1 - 2 所示。由图 1 - 2 可以看出,我国对科学研究支撑大学创新型人才培养路径的研究起步较晚,从 2007 年起有学者开始研究科学研究支撑大学创新型人才培养路径的问题,而且学术研究成果数量还不多,但从 2010 年到现在,与本研究相关的学术成果明显变得越来越多。为了支持高校创新型的人才培养,我国出台了很多相关政策,例如我国《高等教育法》《国家中长期教育改革和发展规划纲要(2010—2020 年)》和党的十八届三中全会通过的《中共中央关于全面深化改革若干重大问题的决定》,都把培养创新人才作为一项重要任务,作为高等教育的重要内容。也正是政策的逐年引导与支持,学界的研究热情随之逐渐增高,研究成果出现了高产现象。

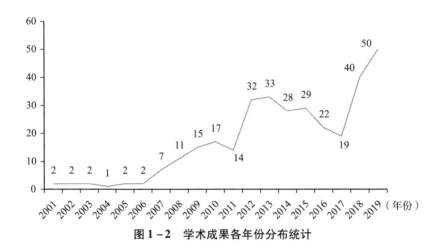

图1-2 学术成果各年份分布统计

（二）研究内容综述

科学研究支撑"双一流"大学创新型人才培养研究相关文献涉及的内容非常广泛，本研究选择对"大学"本质及内涵、高校科学研究的发展、"双一流"大学创新型人才培养的理论、科学研究支撑大学创新型人才培养的政策四方面展开综述。

1. "大学"本质及内涵的研究综述

科学研究支撑"双一流"大学创新型人才培养的路径研究，首先需要明确大学的本质及内涵，深入了解大学的概念，明确大学的本质是什么，才能够在不偏离大学发展基本方向的基础上，将科学研究与创新型人才培养与之结合，进一步得出"双一流"大学发展中创新型人才培养的具体方略。

自2000年以来，有关现代大学的研究逐渐兴盛，学术论文与学位论文的数量迅速增长，研究成果较为丰富。现代大学研究主要围绕大学本质、大学理念、大学功能、大学制度四个关键问题展开，对"大学"的内涵与外延都进行了深入研究，对大学本质的研究起到推动作用。

第一，大学本质，即什么是现代大学这一根本问题。这一领域形成了几种经典学说，包括"理念说""社会制度说""学术实体说""独立法人说"等。在《大学的理念》①一书中，纽曼指出，大学是一种理念，是人们对大学所持有的基本看法和理性认识。"大学是一切知识和科学、事实和原理、探索和发现、实验和思索的高级保护力量"这一论断到今天仍具有显著的指导作用。德里克·博克在《走出象牙塔——现代大学的社会责任》一书中将大学视为一种社会制度，并专门探讨了第二次世界大战以后大学与社会之间的一种互动关系。中山大学原校长黄达人认为，大学应该是一个学术共同体，大学必须以学术为目的，以科学精神为核心凝聚力，并且应有某种对绝对精神的追求。布鲁贝克在《现代大学论——美英德大学研究》一书中也强调了相同的观点，"大学是科学研究之所"的观点影响甚大。汤俊雅等学者则系统地研究了大学法人属性的演进，指出大学自其源始的欧洲中世纪大学的形态开始，便已经具备了法人的诸般性质，现代大学法人属性是其传统的完整传承。

第二，大学理念，即现代大学需要树立哪些核心观念。王超、崔勇认为，应从人文、经济学、组织理论三个角度树立大学本质观，从而形成关于"现代大学是什么"的正确认识。赵立周认为，价值取向和功能是现代大学制度中一对密切相关的范畴，合并研究有着特殊的价值，现代大学应树立明确的教育价值观；现代大学价值观是一个复杂的组合体，体现出政治取向、市场取向和学术取向三个典型向度。崔永合认为，现代大学应树立正确的教育实践观，并将教育实践观分为生产的实践观、处理社会关系的实践观和科学研究的实践观三种。任奉龙认为，人才培养质量是大学教育的核心问题，建设现代大学必须树立正确的现代大学质量观；落实现代大学质量观需要建立健全外部质量反馈机制与内部质量保障体系。

第三，大学功能，即现代大学应该实现哪些职能。人才培养、科学研究、社会服务和文化传承创新作为现代大学四个基本职能逐渐获得学者们的共识，但是在四项职能各自的地位、作用和实现途径方面，观点

---

① 约翰·亨利·纽曼著，杨慧林、金莉译：《大学的理念》，中国人民大学出版社 2012 年版。

不一。潘懋元等学者认为，培养专门人才是高等学校的基本职能，发展科学是高等学校的重要社会职能，以各种形式直接为社会服务是现代大学新的社会职能。陈伟、葛金国、周元宽等学者认为，服务社会是现代大学的核心职能，人才培养和发展科学是它的两个子系统，服务社会的职能，相比其他两个职能包含范围更宽。丁纲等学者认为，大学在主要履行培养人才职能的同时，还肩负着创造知识、发展科研的使命，特别是要生产高创造性的科研产品。1876 年成立的美国霍普金斯大学前校长吉尔曼等指出，大学的目的是"最自由地促进一切有益知识的发展……鼓励科研，提高学者的水平"①。陈保平等学者强调，现代大学在发挥自己的主要职能履行创新责任的过程中，应当积极构建完整的创新系统。

第四，大学制度，即创建现代大学需要什么样的制度体系作为支撑。这一领域的研究通常从现代大学外部制度和现代大学内部制度入手，对高校外部涉及政府与高校关系的制度、高校与社会组织关系的制度、高校与高校关系的制度，以及高校内部涉及章程、机构、人员、工作等内容的制度进行广泛的分析。曾担任过教育部部长的袁贵仁认为，现代大学制度的核心是在政府的宏观调控下，大学面向社会，依法自主办学，实行民主管理。张绍全等学者认为，高校内部应建立与大学章程实施配套的激励和惩罚机制，加强执行监督，使遵从大学章程者获益、阻碍大学章程者受损，从而形成自觉遵守大学章程的校园内部环境。丁康指出，在现代大学制度诸多要素中，"依法办学""民主监督"是我国大学一贯遵循的办学原则，"社会参与"是比较新的提法，其含义是指高校办学要吸纳社会资源，与社会组织和企事业单位等协同创新、协同育人。

2. 高校科学研究的发展综述

关于大学科学研究问题一直是学者们较为关注的热点问题，尤其是

---

① 兰军瑞：《美国大学制度的显著特点》，《信阳师范学院学报（哲学社会科学版）》2011 年第 3 期，第 61 ~ 64 页。

2015 年国家"双一流"大学建设相关政策颁布以来，关于高校科学研究的学术研究数量出现了较明显的上升趋势。这一领域的研究主要围绕大学科学研究的基本原理、团队建设、管理服务、评价与转化四个方面展开。

第一，大学科学研究的基本原理，即什么是大学高水平科学研究的功能与价值等问题。张晓红等学者认为，在大学科学研究过程中，其内涵与外延是不断扩展的，功能也跟随高等教育功能的变化而变化[①]。胡锦绣等学者认为，科学研究是高校担负的三大职能之一，衡量一流大学的重要指标是其科研能力。胡建华等学者认为，高校所肩负的科研任务已经成为我国科学与技术创新发展的学术杠杆，高校作为教育场所，其科研核心应是人才培养。

第二，大学科学研究的团队建设，即实现科学研究需要什么样的科研团队，如何建设科研团队的问题。王怡然、陈士俊等学者认为，大学科研团队的组成，其中的科研人员一定有着相同的愿望，一定是以科技创新和发展为共同目的并可以技术互补的人。李志宏、赖文娣等学者提出了高校科研团队隐性知识共享的综合理论分析框架，构建了高校科研团队隐性知识共享的系统动力学模型并进行了仿真。张婕等学者则指出，提高高校科研团队竞争力和创造力的前提是要提高高校科研团队的凝聚力。薛玉香等学者指出，我国高校科研团队存在缺乏长远规划、忽视科学分工、缺乏科研交流等问题，应鼓励高校科研团队协同创新，进而实现科研团队由个体自闭到互动创新的转变。

第三，大学科学研究的管理服务，即实现高校科学研究需要哪些管理与服务，如何实施有效的管理与服务的问题。这一研究领域关注较多的是体制问题、机制问题和经费问题。安宁等学者提出建立全方位、全过程、多方式作用于科研管理的综合立体式激励机制，促进大学科研水平不断提高。

---

① 张晓红：《论科学研究在高校中的地位与功能》，载于《国家教育行政学院学报》2011 年第 5 期，第 37～40 页。

第四，大学科学研究的成果评价与转化，即如何评价科研成果以及如何促进科研成果转化为现实生产力的问题。马晓军等学者认为，对研究成果的评价，尤其是对学术论文的质量评价，需要运用许多综合指标。李斌等学者提出，目前高等教育需要促使科学研究与创新型人才培养互相融合、相互作用，要将所获得的科研成果注入人才培养过程之中。

3. "双一流"大学创新型人才培养的理论综述

由于"双一流"大学建设政策近年才颁布施行，关于"双一流"大学创新型人才培养的理论相对较少，但是此领域的研究正逐渐受到学者们的关注，主要关注的内容聚焦于"双一流"大学人才培养的重要性、实施途径、问题与对策三个方面。

第一，肯定了科学研究对"双一流"大学人才培养的重要性。孙秋柏等学者认为，培养高水平创新型人才是大学的首要工作，高水平的科学研究是一切工作的前提。蔡袁强、刘贵杰、谢迎春等学者则强调，在"双一流"战略背景下，大学要牢固树立人才是第一资源的核心理念，大力开展体制机制的创新。

第二，探讨科教融合提升"双一流"大学人才培养质量的实施途径。张德高等学者认为，要想最大限度地发挥出教学和科技共同育人的力量，必须建立起一个二者互相协同配合稳定的新机制，以达到"寓教于研"的目的，鼓舞学生参与科学研究过程中，在科研中深化对知识的理解与掌握，促进科学研究与人才培养的互相进步①。黄青等学者主张，以产学研合作政策为切入点，通过引入产学研合作政策变量，建立起高校知识创新链模型，加快科教融合的进程。

第三，分析科学研究促进"双一流"大学人才培养方面存在的问题及对策。张立迁等学者指出，由于受到各种外在因素的影响，在教学过程中，教师更加关注科学研究，大学生更关注人才培养，大学及外界

---

① 张德高：《科研教学结合为人才培养提供强力支撑》，载于《中国高等教育》2013年第17期，第44~45页、第54页。

则常常在这二者之间游离，致其产生"分立失衡"的现象①。施林森、刘贵松等学者认为，要更好地推进教学与科研的融合，需要制定系统化的教学科研融合的实施方案、强化本科生科研训练质量保障体系、加强研究性教学中教学内容的设计与编制、加强教学支持服务机构的建设、建立以教学科研融合为导向的评价体系。侯清麟认为，要实现教学、科研的和谐发展，要调整好相关制度以及运行机制之间的关系，并协调好相关利益②。

4. 科学研究支撑大学创新型人才培养的政策综述

我国尚未颁布明确关于"科学研究支撑大学创新型人才培养的路径"的政策文件，但是颁布了一定数量的与"大学科学研究""高校科教融合"以及"高校科技创新"相关的政策。

第一，有关大学科学研究的教育政策。改革开放至今，有关大学科学研究的政策很多，如支持高校和科研院所开展科技成果转移转化的政策。现有政策主要规定了：高校科学研究的主体及其权利与义务；高校开展科学研究活动的基本原则；高校科学研究相关管理和保障措施，包括完善科研管理体系、加强科研过程管理、建立科研服务体系以及优化考核与监督机制等。

第二，有关大学科技创新的政策，包括《教育部关于贯彻落实〈中共中央、国务院关于加强技术创新，发展高科技，实现产业化的决定〉的若干意见》《教育部、科技部进一步加强地方高等学校科技创新工作的若干意见》《教育部、财政部关于实施高等学校创新能力提升计划的意见》《高等学校学科创新引智计划实施与管理办法》等。现有政策主要规定了三方面的内容：一是大学科技创新的领导体制；二是将大学科技创新与培养高层次创新型科技人才，建设规模宏大、素质优良的创新型科技人才队伍结合起来；三是将创新创业作为大学科技创新的重

---

① 张立迁、靳鹏霄：《研究生创新人才培养：基于科学研究的视角》，载于《重庆高教研究》2016 年第 4 期，第 121 ~ 127 页。

② 侯清麟、刘文良：《高校教学、科研和谐发展的困惑与超越》，载于《高等工程教育研究》2012 年第 6 期，第 91 ~ 95 页、第 180 页。

要导向。

第三，有关科教融合的政策，包括《促进高等学校科技成果转移转化行动计划》《科教结合协同育人行动计划》《教育部关于全面提高高等教育质量的若干意见》等。这些文件主要规定了科教融合的必要性、科教融合的基本原则、科教融合的实施途径以及相关规范与保障等内容。

（三）研究述评

在对科学研究支撑"双一流"大学创新型人才培养路径相关的研究内容进行整体综述后，本研究进一步对相关研究展开述评，在述评的过程中发现现有研究的研究现状，挖掘研究潜力，寻找当前研究尚存的问题，并尝试在研究中对现有研究需要补充和完善的问题实现补充与进一步探索。研究述评主要对现有研究内容、研究方向、研究方法三个方面进行述评。

1. 研究内容述评

第一，相关研究较多，但是对科学研究支撑"双一流"大学创新型人才培养路径的具体研究相对较少。从研究数量上来看，与本研究相关的期刊论文比较多，学者们对科学研究支撑大学创新型人才培养路径的相关研究比较重视，只是还需要不断发展与其相关的具体研究。第二，在现有的研究文献中，有关科学研究支撑大学创新型人才培养路径的很多文献的关注点，都在人才培养以及创新型人才培养过程中的现状问题以及对策建议上，但对科学研究支撑大学创新型人才培养作为一项涉及教育主管部门、高校和人才培养的系统过程，都还缺乏细致入微的考察。当下我国高校创新型人才培养路径不论在理论研究上还是在现实实践中都已经相对成熟，在科学研究支撑大学创新型人才培养路径研究中，很多学者的研究普遍关注高校创新型人才培养路径的相关学术成果，例如相关的培养路径、现状问题以及相应的对策建议等，在科学研究支撑的大学创新型人才培养路径研究方面还缺少全面地展现其自身特点的研究。第三，问题研究和对策研究存在一定的偏差，指导意义相对较弱。在科学研究支撑大学创新型人才培养路径研究的过程中，人才培养是学者们研究的重点，一些学者只是对培养路径进行了探讨，还有细节问题诸如科学研究效果如何等许多问题还需要进行更深入的探讨以获得具体的应对办法。

2. 研究方向述评

目前，本研究相关的研究方向还存在相对单一的问题，多数研究所收集到的文献资料大多数是从教育学出发，单纯研究某一个问题，比如大学的科学研究发展现状与展望、"双一流"大学建设的发展方向、创新型人才培养路径等问题，虽然在文献综述阶段可以找到相关文献参考，但是交叉性的研究相对较少，研究方向略显狭窄。进一步来看，当前对于科学研究支撑"双一流"大学创新型人才培养路径的多数研究，都是从理论角度出发的研究，实践角度的研究虽然也有，但是还不够丰富，我们需要在实践层面进行更加深入的研究与探索。

3. 研究方法述评

从研究方法来看，当前的相关研究仍以质性研究为主，量化研究相对较少。通过对所收集到的文献资料进行梳理，能够看出，国内学者对科学研究支撑"双一流"大学创新型人才培养路径也是如此。从目前的研究来看，虽然已经对科学研究支撑"双一流"大学创新型人才培养路径进行了相关的探讨，也获得了具有研究意义的学术成果，但有一些难题还需要通过质性研究与量化研究相结合来深入分析搜集到的资料，得出更加深刻的结论。比如，国家已经把科学研究支撑大学创新型人才培养作为一项长期的战略来实施，那么就需要对科学研究支撑大学创新型人才培养路径有一个全面的认识：在科学研究支撑下，创新型人才培养路径对不同的大学是否均适合；可否发现量化的评价标准，能否量化，不能量化的问题需要怎样的评价标准更加客观……这些问题都值得我们深入探讨。本研究结合质性研究与量化研究，对通过文献法、问卷法、访谈法所搜集到的资料进行综合分析，既要得到量化研究的客观支撑，也需要结合质性研究的主观能动性分析。因为教育是人的教育，不是对机器的管理，需要融入对人性的追问，对思想的引导，才能更有效地寻找培养创新型人才的具体路径。

四、研究意义

党的十九大报告指出，要加快"双一流"大学建设，实现高等教育内涵式发展。建设世界一流大学和世界一流学科要确定如何提高人才的培养质量，培养更多高精尖的创新型人才。构建高校科学研究支撑"双一流"大学创新型人才培养范式是高等教育内涵式发展的关键点。高校是培养新时代人才的重要场所，培养出更多的创新型人才是高校建设的重要组成部分，也是高等教育内涵式发展的主要体现。在国家大力发展"双一流"大学建设的背景下，研究科学研究如何支撑"双一流"大学培养创新型人才，寻找到具体的发展路径，对于我国"双一流"大学建设和我国创新型人才培养具有重要的理论与实践意义。本研究既可以为"双一流"大学建设提供理论指导，也可以在实践层面上给予"双一流"大学创新型人才培养提供切实路径选择。

（一）理论意义

"双一流"大学建设正处于初级发展阶段，虽然与其相关的基础理论相对较多，能够支撑对"双一流"大学建设的基础研究。但是，关于科学研究支撑"双一流"大学创新型人才培养路径的直接理论却并不完善，还在逐步的发展过程中。"双一流"大学建设理论、高校科学研究理论、创新型人才培养理论，要对以上三大类的理论进行交叉分析，才更适用于本研究的理论探索，而这种交叉分析并不是将三种理论进行简单的叠加使用，而应是根据当前的高等教育政策、高等教育发展状况、高等教育发展存在的问题，结合国外高等教育发展的先进经验，进行综合分析，得出关于我国科学研究支撑"双一流"大学创新型人才培养的理论。本研究所得出来的理论，是在原有多种理论的基础之上，结合本研究的主要问题，进行综合分析与研究，得出来的具有创新性的理论。本研究得出的"我国科学研究支撑'双一流'大学创新型人才培养的内生系统"理论对本研究的整体研究方向起到综合统筹作用，也为本研究提供了理论指导。本研究对科学研究、"双一流"大学建设、创新型人才培养之间的关系进行了宏观与微观的分析，进一步完善了"双一流"大学创新型人才培养的理论构成，为相关研究也提供了一定的理论支撑与理论指导，这使本研究在我国"双一流"大学创新型人才培养的研究领域中具有一定的理论意义与理论价值。

（二）实践意义

本研究除了具有显著的理论意义，也具有突出的实践意义。本研究在对现有理论进行综合分析后，结合现有的政策文本，分析研究后得出了具有自身特色的我国科学研究支撑"双一流"大学创新型人才培养的内生系统模型，从整体上明确了"双一流"大学建设与创新型人才培养的多层关系组成，发现影响我国"双一流"大学创新型人才培养的主要因素，既包括世界一流大学建设、世界一流学科建设的宏观因素，也包括创新型教师人才培养、创新型学生人才培养的微观因素，而两者之间最直接的共同关联就是创新型人才培养。无论是世界一流大学建设，还是世界一流学科建设都离不开创新型人才培养，而创新型人才培养的直接表现就是培养创新型教师人才和创新型学生人才，教师向创新型发展会更有利于培养创新型学生人才，学生向创新型发展会更有利于整体的社会发展。在这一理论的支撑下，通过对于我国科学研究支撑"双一流"大学创新型人才培养的应然导向与实然现状进行分析，结合国际经验与启示，最终得出科学研究支撑"双一流"大学创新型人才培养的具体路径。具体路径结论在多重分析的支撑下得以产生，对于我国"双一流"大学创新型人才培养具有重要的实践价值。理论是为实践服务的，再好的理论都要在实践层面上生根，才能更好地服务社会，实现自己的价值。具体路径的得出可以相对直接地为我国科学研究支撑"双一流"大学创新型人才培养提供实用性较强的建议，这些建议会为"双一流"大学建设的实践添砖加瓦。

五、研究方法

本研究主要采用收集资料和分析资料的方法来进行综合研究。其中，收集资料的方法主要包括文献法、问卷法、访谈法，分析资料的方法主要是对通过文献法、问卷法和访谈法收集到的资料进行系统分析，进而筛选出本研究适用的关键信息并加以分析和使用。对研究问题的深入探索，不能是孤立无援的，需要站在学者们的肩膀上，向更加明确的方向挖掘、分析信息，进而得出新的结论与方法，在收集资料的过程中分析资料，分析通过不同途径获得的信息，进而得出具有创新性与实用性的理论支撑。

（一）收集资料的方法

收集资料的方法，主要是指整合、梳理与研究问题相关多种类型的资料。本研究主要采用三种收集资料的方法，分别是文献法、问卷法和访谈法。

1. 文献法

文献法，又可称为历史文献法，主要是通过厘清搜集到的相关文献资料，筛选有用信息。研究者对文献资料进行搜寻、鉴别以及梳理，在对相关文献进行研究的过程中形成一定的科学认知，可以从众多的文献资料中筛选合适的材料，对其进行分析整理并加以利用。

文献法的优点是可以为研究提供大量的前人研究经验与研究论述，并在前人的研究结论中找到所研究问题的研究现状、研究方向与存在的问题及需要完善的方向。本研究在检索相关文献时，将年份范围固定在2001 年至 2019 年间，以"大学科学研究""创新型人才培养""大学创新型人才培养路径""科学研究支撑双一流大学创新型人才培养"为关键词，利用中国知网数据库、万方数据库、辽宁大学图书馆、中国科学院大学图书馆、沈阳师范大学图书馆等几大来源对主题进行检索，并对检索的结果选择性摘录。我们找到与本研究相符的文献后，通过对现有文献进行分析，将国内外科学研究支撑"双一流"大学创新型人才培养路径的相关法律、政策文本以及各个类型的期刊等文献相结合进行深度研究，在现有研究的基础上得出本研究的部分研究结论。

2. 问卷法

问卷调查法是社会调查广泛使用的方法，研究者可以通过问卷的设计、发放、回收、分析等环节，获得一手的数据资料，并根据直接资料分析得出更加真实、直观的结果，为研究问题提供真实、准确的数据支撑。

目前，关于科学研究支撑"双一流"大学创新型人才培养路径的文献资料，我们虽然可以找到一些，但是仍然需要得到与研究问题直接相关的数据补充，通过网络、书籍、杂志等查找数据之外，也可以通过问卷调查获得一手数据来源。本研究结合研究目的、研究问题与研究内容，设计符合本研究数据需求的调查问卷，并将问卷发放给"双一流"大学建设高校中的师生，来搜集所需数据。本研究确定问卷的发放对象为"双一流"大学建设高校中的教师、学生与管理者，他们是"双一流"大学建设培养创新型人才的直接参与者，他们的直观感受实际上可以在一定程度上说明"双一流"大学发展的实际现状与需求展望。问卷主要通过网络进行发放，网络问卷的发放跨越了空间的限制，可以搜集更多样本进行更加科学的分析。我们对问卷填写结果进行下载，剔除无效问卷，对有效问卷的数据进行综合分析，为相关研究问题提供了直接的数据支撑。

3. 访谈法

访谈调查法是访谈人员通过与受访者采用一问一答的方式来搜集资料的方法。访谈调查法是一种被广泛运用的方法，选用访谈调查法不但能够进行口头访谈，还可以进行书面访谈。不论选用哪一种形式的访谈，都可以通过与受访者的交流来获得很多最新的信息和资料。

访谈可以根据受访者的现场状态对访谈问题进行适度调整，如结合受访者对问题的解答及交流过程中提出的新问题，对访谈问题进行适度的临时调整。访谈的资料获得具有一定的灵活性，可以为研究拓展参考资料范围。本研究对"双一流"大学相关教师、学生、学校管理者展开半结构式访谈。在确定受访对象后，我们结合受访对象的综合信息撰写访谈提纲，并对其发出访谈邀请。经过受访者的同意后，约定合适的时间与地点展开访谈，征得对方允许后进行录音，并在访谈结束后对访谈记录进行梳理与编号。我们根据研究问题对访谈记录进行筛选和分析，得到可以使用的访谈材料，并结合研究内容灵活运用到研究当中，为研究提供进一步的一手资料作为支撑。本研究采取访谈法的目的在于获取来自科学研究支撑"双一流"大学创新型人才培养路径的第一手资料，包括被访谈者对科学研究支撑"双一流"大学创新型人才培养的总体看法、具体感受与提出建议等，为科学研究支撑"双一流"大学创新型人才培养路径的理论研究提供依据与基础。在选用此研究方法时，我们注意选择性地运用获得的材料，因为每个人都有一定的主观性，有些观点过于片面则需要进行筛选和审视，并不是所有的访谈材料都是具有研究价值的。

（二）分析资料的方法

通过文献法、问卷法和访谈法获得大量研究资料之后，需要对研究资料进行系统分析，才能真正发挥搜集资料的作用。本研究主要选用质性研究和量化研究两种方法来分析搜集到的各种资料，并为本研究提供理论与实践的支撑。质性研究方法是研究者以一定的框架、逻辑、技巧等方法对社会乃至世界的理解性（释义性）做出的阐述。量化研究方法是将相关资料中的模糊变量整理、归类并赋值转化为数据，以便研究者对资料进行分析对比。

1. 质性研究方法的使用

对文献法与访谈法搜集到的资料进行分析可选用质性研究方法，质性研究可以根据设定的理论研究框架，对现有资料及获得的一手资料进行分析与研究，这种研究不要求将数据进行量化，而更加重视对一手数据的分析与介绍，逻辑清晰地对搜集到的材料进行阐述，可以加以适度的评论与推论，是一种可以加入一定主观能动性研究的使用方法。文献法搜集到的材料多为现有的理论或研究论文、书籍、报纸等信息，虽然也可以对此进行量化研究，但是多数的资料都是需要加以抽象、整理的资料。访谈法更加适用于质性研究，研究者可以带着问题进行访谈，访谈内容和访谈结果都在研究者的规划下进行，具有一定的针对性，通过质性研究可以更好地利用这些资料。研究者的系统研究会为这些资料增强逻辑性、创新性，研究过程融入研究者的思想与研究侧重，为质性研究提供材料支持，也能够避免刻板分析的问题出现。

2. 量化研究的使用

部分通过文献法搜集到的资料和大部分通过问卷调查法搜集到的资料也适合选用量化研究方法。文献法搜集到的资料既包括文本资料，也包括部分的数据资料，如通过国家统计局网站搜索到的高等教育数据、通过教育部网站搜集到的"双一流"大学建设名单等，这些数据更加适合选用量化研究方法展开研究。将资料量化，可以更加直观地分析资料所展示出的实际意义，通过图表的形式可以更加直观地展示数据资料代表的意义。对问卷调查分析法搜集到的资料进行分析，可以通过纸质或电子问卷的方式进行严密的数据获取，同时对收集的数据进行科学、客观的分析。问卷的定量分析可分为定量分析和复杂定量分析，本研究主要通过定量分析来分析我国科学研究支撑"双一流"大学创新型人才培养的具体现状，通过量化的数据来直观展示研究问题的发展现状，进而进行深入的研究，得出具体构建方略。

第二章

"双一流"大学创新型人才培养的
理论内核、特质要义与建构方略

随着"双一流"大学建设进程不断加快，对其创新型人才培养的理论内核、特质要义和建构方略的研究亟待展开。因此，为保证"双一流"大学创新型人才培养落到实处，须从理论内核上把握其本质意涵、内驱动力和要素构成，依照统整理念来阐释"双一流"大学创新型人才培养的价值指向。在特质要义上，"双一流"大学创新型人才培养的品格养成应注重追求卓越创新，人才培养的制度建构应灵活多样，人才培养的目标开展强调师资与学科共维建设，人才培养的保障机制强调内外协同。其建构方略应注重以创新学科理念来主导学科专业课程布局，以深化教师综合素养来推进专业化师资队伍建设，用一流创新人才培养标准来构筑培养监评体系，通过多维协同理念推进"双一流"大学创新型人才培养目标的理论构建。

创新型人才培养关乎国家教育现代化目标的实现，更是"双一流"大学建设中人才培养的核心内容，党和国家为保障"双一流"大学创新型人才培养的科学开展与推进，从政策法规层级上做出了诸多战略决策与部署。如《国家中长期教育改革和发展规划纲要（2010—2020年)》对人才培养质量、人才培养体制改革、创新型人才培养模式等诸多方面提出了保障条件和基本要求。《统筹推进世界一流大学和一流学科建设总体方案》（以下简称《总体方案》）和《统筹推进世界一流大学和一流学科建设实施办法（暂行）》（以下简称《实施办法》）均把"在拔尖创新人才培养模式、协同育人机制、创新创业教育方面成果显著"作为人才培养方面的关键项。国务院印发的《国家教育事业发展"十三五"规划》在人才供给和高校创新能力明显提升款项中明确提出了"创新型、复合型、应用型和技术技能型人才培养比例显著提高，人才培养结构更趋合理"。习近平总书记在 2018 年全国教育大会上的重要讲话中，也强调指出："加快一流大学和一流学科建设，推进产学研协同创新，积极投身实施创新驱动发展战略，着重培养创新型、复合型、应用型人才。"很显然，中央政策精神不仅为"双一流"大学创新型人才培养提供了目标与方向，所提出的创新型人才培养目标也是"双一流"大学建设内涵式发展的重要组成部分。据此看来，"双一流"大学创新型人才培养蕴涵着创新教育发展的重要目标，只有把创新型人才培养作为加快推进"双一流"大学建设的核心，才会在拔尖创新型人才培养模式和创新创业教育方面取得显著成果，防范"双一流"大学学科布局与创新型人才培养自洽式微现象的产生。

然而，随着我国世界一流学科建设的加快推进，为保障双一流大学创新型人才培养目标得以切实实现，"双一流"大学创新型人才培养内核及其实现理路的系统性、合发展规律性和专门性研究亟待展开。基于此，本章研究主要从其理论内核、特质要义、建构方略几个方面进行深化探寻，以此提高"双一流"大学创新型人才培养的科学性、合目的性、合规性和切实可行性。

一、"双一流"大学创新型人才培养的理论内核

理念内核呈现出的是对事物最为本质的认知，也是进行深入研究和思考问题的出发点，反映的是研究和处理事物本质问题的基本态度，这种态度将会影响其对"双一流"大学创新型人才培养目标的价值判断。因此，明晰"双一流"大学创新型人才培养的内涵特质，深入考察其本质意涵、内驱动力、构成要素，都是正确把握"双一流"大学创新

型人才培养理念内核的关键,以此挖掘创新型人才培养的价值指向。

(一)"双一流"大学创新型人才培养的本质意涵

我们在明确"双一流"大学创新型人才培养基本意涵之前,首先要知晓创新型人才和创新型人才培养意涵为何,这也是深入探究前者最为核心的前提。具体来讲,学者们对创新型人才的界定明显呈现多元化。他们于普遍意义上认为,创新型人才"主要是指具有创新意识、创新精神、创新思维、创新能力并能够取得创新成果的人才,创新型人才的核心定义是创新"。因此,从创新型人才的基本素养特质而言,其"基本素质特征包括有合理的知识结构、以创新思维和创新能力为特征的智力和能力、以创新精神和创新意识为中心的自由发展个性、积极的人生价值取向和崇高的献身精神、强烈的竞争意识和国际视野、强健的体魄和健康的心理等六个方面"。据此看来,"双一流"大学创新型人才培养在本质意蕴上要特别明确其素质与知识间的连续性、完整性、国际化和合理化,同时还要保障"双一流"大学创新型人才培在普适意义上的个体发展性和独特性。然而,实现这一创新人才培养目标,必须明确"双一流"大学培养高素质创新型人才的基本理路在于创新教育,清楚"双一流"大学创新型人才培养的关键内核在于为学生健康成长和创造性发展提供自由宽松和谐的人文氛围。所以,坚持学生的主体地位和突出学生为中心,培养学生的兴趣爱好,激发学生的创新潜能和创新智慧,使学生充分感受到创造性学习的乐趣就显得尤为重要。据此综合而言,"双一流"大学创新型人才培养的本质意涵,主要聚焦于保障培育出的人才具备创造性特质的问题意识、创新能力、知识结构、创新精神和创新思维,并以此确析创新型人才的培养标准和培养目标,满足国家重大发展战略的创新型人才需求。

(二)"双一流"大学创新型人才培养的内驱动力

创新型人才培养既是"双一流"大学学科建设的着力点和关键抓手,也是其可持续发展的主要目标所在,所呈现出的社会创新服务和人才培养理念，隐喻着创新型人才培养的内驱动力特质。深究其内在机理，经济社会的转型和主要矛盾的转化，需要深化新时代教育服务社会、优化人才培养结构的目标，变革教育的社会服务理念和人才培养模式。而且，"双一流"建设《总体方案》和《实施办法》明确提出了把"创新"作为其学科战略布局的发展理念，同时还把拔尖创新型人才培养模式和注重培养学生的创新精神作为人才培养层面上的遴选条件。由此可见，创新理念和创新精神不仅是"双一流"大学创新型人才培养的内在驱动力，同样也是提升我国高等教育综合实力和国际竞争力的必备品质，为"双一流"大学创新型人才培养提供了政策指引。

具体而言，在社会创新服务层面上，政策所强调的"产学研深度融合，运用新知识新理论认识世界、传承文明、科学普及、资政育人和服务社会"，坚持以经济社会发展需求为导向，强化了"双一流"大学创新型人才培养的教育服务水平和能力。在创新型人才培养层面上，所凸显的"在拔尖创新人才培养模式、协同育人机制、创新创业教育方面成果显著，注重培养学生创新精神和实践能力"，极大程度上说明，人才培养理念也是推进创新型人才培养的内在驱动力，并以创新型人才培养为先来凝聚社会发展动力。因此，无论是社会创新服务理论还是人才培养理念，都为加快推动双一流大学创新型建设人才培养构建起了目标愿景，并为"双一流"大学创新型人才培养指明了正确的、符合创新精神实质的发展路径。

（三）"双一流"大学创新型人才培养的要素构成

"双一流"大学创新型人才培养是个复杂的系统性过程，不仅涉及目标的设定和质量机制的保障，还包括对其实施情况的评价反馈机制。由此可见，目标设定、质量机制、评价体制共同构成了"双一流"大学创新型人才培养要素系统，且不可或缺与忽视忽略。

从目标设定构成要素来看，其重点在于"着力创新人才培养模式，着力提高学生实践创新能力，更好地满足国家经济社会发展对应用型人才、复合型人才和拔尖创新人才的需要"。"双一流"建设政策明确指出以支撑创新驱动发展战略为导向，在人才培养方面特别注重培养学生的创新精神和能力。概言之，"双一流"大学创新型人才培养核心目标在于通过培养学生的创新精神提升人才培养质量，以此创建拔尖创新型人才培养模式，实现与社会的高度融合。不难发现，其目标设定显然是"双一流"大学创新型人才培养的重要构成要素。

从质量机制构成要素来看，"双一流"建设政策所提出的拔尖创新型人才培养质量机制有助于推进"双一流"大学建设进程，所起到的保障功能是落实"双一流"大学创新型人才培养的生命线。并在"双一流"建设政策文本中，质量机制彰显出的是"双一流"大学创新型人才培养的本质反映，也是提升"双一流"大学创新型人才培养质量的内在折射和具体表现，同时是"双一流"大学创新型人才培养的重要构成要素之一。其主要原因在于，注重以"双一流"大学创新型人才培养的质量机制为先导，明确把人才培养质量能否得到社会高度认可作为重要考量标准，有利于形成在新目标、新思想以及新要求下所具备的创新、包容、本位的创新人才培养质量治理机制。

从评价体制要素来看，"双一流"大学评价体制也是创新型人才培养的关键构成要素，"双一流"大学创新型人才培养的高效落实需要评价体制来反馈和监督。深究背后机理，科学可行的评价机制不仅有利于推动"双一流"大学创新型人才培养目标的实现，还有助于实时更新"双一流"大学创新创业教育研究和创新教学成果的转换，并且不断推进教师专业知识创新和技能提升。而且，为保障"双一流"大学创新型人才培养质量，也需要"参考有影响力的第三方评价，对建设成效进行评价，提出评价意见"。因此，这些都说明评价体制同样也是"双一流"大学创新型人才培养体系中不可或缺的要素。

二、"双一流"大学创新型人才培养的特质要义

《实施办法》提出的人才培养质量、科学研究水平、师资队伍与资源、社会服务与学科声誉都与"双一流"大学创新型人才培养有着极

强的关联性，在资源配置和政策导向上也都体现了创新型人才培养的核心地位，这些都蕴含了"双一流"大学创新型人才培养的特征要义。具体而言，"双一流"大学创新型人才培养要注重追求卓越创新，人才培养制度建构应灵活多样，人才培养事项注重师资与学科共维建设，人才培养保障机制强调内外协同。

（一）人才培养的品格养成非常注重追求卓越创新

推进我国"双一流"大学建设的《总体方案》和《实施办法》政策文本明确把培养拔尖创新型人才作为人才培养核心，以此强调全面提升人才培养水平和创新能力，可见人才培养品格要追求卓越创新明显是"双一流"大学创新型人才培养的重要特征。然而，在过去大学以追求学科数量为荣的状态下，创新型人才培养主要根据学校的学科建设情况和既有师资条件来规划，拥有的师资条件和学科布设是确认创新型人才培养目标的基础。这种只按既有的办学条件来确定人才培养的方式，显然不利于激发人才培养品格以追求卓越创新的活力。加之学校身份固化属性带来的同类型、同级别、同形式高校资源分配范式的同质化，大学人才培养的创新性明显受到忽视或忽略，极不利于大学在人才培养品格上追求卓越创新。在这种人才培养体制下，由于缺乏生存环境的竞争性，人才培养的目标追求多关注于数量而非质量，造成创新型人才培养品格的卓越追求只停留于口头号召而非事实贯彻。而今不同的是，"双一流"建设的《实施办法》和《实施办法》两个政策文本明确提出了把拔尖创新人才培养模式、培养拔尖创新型人才、注重培养学生的创新精神作为建设世界一流大学和一流学科的关键任务，并及时予以跟踪指导。此外，政策还要求高校在制定相关建设方案时，要以创新型人才培养为核心来优化学科建设布局，资源配置和政策导向要体现创新型人才培养的核心地位，这些都为"双一流"大学在人才培养品格上追求卓越创新提供了保障条件。这些措施从制度层面来讲，也为"双一流"大学创新型人才培养目标的调适修正留足了空间。

(二) 人才培养的制度建构应灵活多样

"双一流"大学创新型人才培养目标的实现，离不开相应制度设计的有力支撑，人才培养制度建构所呈现出的灵活与多样性，也是"双一流"大学创新型人才培养的基本特征。据此可见，推动"双一流"大学建设进程的科学性与合理性，人才培养制度建构的多元化设计是其重要保障。然而，"双一流"大学创新型人才培养制度建构甚为复杂，会加大"双一流"大学创新型人才培养制度内涵式建设的难度。从创新型人才培养制度设计的保障角度来看，"双一流"大学创新型人才培养机制涉及面广而杂，以多元化的制度设计来观照"双一流"大学创新型人才培养实际诉求的多样性，有利于实现社会发展、提升个人素养、创新发展理念等基本要求。与此同时，还应认清历史因素造成的创新型人才培养制度供给保障不足和缺位问题，这些问题使"双一流"大学创新型人才培养制度设计的不合理性时常存在，造成"双一流"大学创新型人才培养乏力。然而，"双一流"大学创新型人才培养制度的提出，打破了在教师创新型教学和创新型人才培养规划上不作为或"假作为"现象的困局，这些或直接或间接地体现了创新型人才培养制度建构应具备灵活多样特质，这也是"双一流"大学创新型人才培养的重要特征表象，其中第三方评价制度就是其创新型人才培养制度多元化的重要形式。

(三) 人才培养的目标开展强调师资与学科共维建设

师资队伍与学科建设是"双一流"大学创新型人才培养活动顺利开展的必备前提和关键要素。因此，建设一支结构合理、素质过硬、数量充足、优质高效、研教一体的师资队伍，切实提高师资队伍整体综合素质，是"双一流"大学创新型人才培养目标的内在意蕴和基本要求。唯有如此，才能从内在层面上实现"双一流"大学创新型人才培养中"教师队伍政治素质强，整体水平高，潜心教书育人，师德师风优良，教师结构合理，中青年教师成长环境良好，可持续发展后劲足"的师资队伍建设夙愿。与此同时,"学科是大学的基石,一流学科是一流大学建设的基础,也是一流大学建设的重要内容",创新型学科建设也是"双一流"大学创新型人才培养目标实现的内部保障基础,因为人才的培养、国家意志的贯彻、文化的传承创新等都需要通过学科建设加以贯通,这也更加佐证了创新型学科建设是保障"双一流"大学创新型人才培养体现的必备要件。因此,在创新型学科建设时不仅要思考国家课程的要求,还要融合地方课程和校本课程的特色,整体学科规划之际把握好优质创新学科建设,强调在整体、聚合、交叉、前瞻、优位的"双一流"大学创新型人才培养的顶层规划下,处理好学校整体设计和院系具体谋划的创新型学科建设关系。

(四)人才培养的保障机制越发注重内外协同

依据利益相关者和权利本位理论,学校行政人员、教师和学生位于人才培养的内部位置,构成了"双一流"大学创新型人才培养保障的建构主体。所以,"以人才培养为核心,优化学科建设结构和布局,完善内部治理结构,形成调动各方积极参与的长效建设机制"来布设"双一流"大学创新型人才培养保障机制,有助于处理好"双一流"大学创新型人才培养内部保障体系中各利益相关主体的权益与责任,以此推动"双一流"大学创新型人才培养保障机制的科学、合理及合法化建设。而且,通过"双一流"大学创新型人才培养内部保障机制实现"引导和支持具备较强实力的高校合理定位、办出特色、差别化发展的创新型人才培养类别,努力形成以创新型人才培养为突破口来支撑国家长远发展的一流大学和一流学科体系",同样也是"双一流"大学创新型人才培养目标的重要内容和载体。此外,创新型人才培养是否符合"双一流"大学建设的实际,还须第三方权威专家的客观测量。依据《实施办法》内容规定可得知,第三方评价也是"双一流"大学创新型人才培养目标实现的具体内容和核心基石,不仅有助于在"双一流"大学创新型人才培养建设的动态管理、动态监测和及时跟踪指导,还能"制定科学合理的绩效评价办法,开展中期和期末评价,形成激励约束机制,增强建设实效",同时也有利于以参考有影响力的第三方评价来判断"双一流"大学创新型人才培养的切实性。因此,第三方评价的外部性质和特质,进一步佐证了"双一流"大学创新型人才培养评估具备外部事项保障机制的特质表征。

三、"双一流"大学创新型人才培养的建构方略

"双一流"大学创新型人才培养目标的实现,需要结合"双一流"大学创新型人才培养的本质来具体布设建构方略。具体而言,一是注重以创新学科建设来规导学科专业课程布局;二是深化教师综合素养来推进专业化师资队伍建设;三是参照一流创新人才养育标准来构筑创新型人才培养监评体系。大学应通过多维协同理路来推进"双一流"大学创新型人才培养目标构建。

(一)以创新学科理念来规导学科专业课程布局

由于深受传统高校学科建设追求大而全的理念影响,大学的创新型学科建设问题较为凸显,造成其创新型人才培养学科专业建设备受质疑与疑虑。事实上,在"双一流"建设政策颁布前,所有学校不管自身实力如何,都喜好创办学科大而全的"综合大学",并以其学科全面引以为豪,各个学校的学科专业建设模式及理念无任何差异,且学科专业布局重复交叉,致使各校间创新型人才培养模式没有多大区别。同时,一些学科专业质量未能达到国家评估标准。"双一流"建设政策的提出,破除了大学专业建设无差异、学科重复交叉、单一化的人才培养模式等理念弊端,推动了高校根据本身优势和地域特色布局高校学科专业建设,也让高校明白,学科专业课程布局是创新型人才培养的主要阵地。因此,这种理念的转变有助于以创新型学科建设理念来指导"双一流"大学创新型人才培养学科专业课程的共进化布局。

具体来讲,以创新型学科建设理念来调适学科与专业课程同构化布局主要呈现为以下四个方面。一是在创新型人才培养学科专业课程布局

整体规划上，扎根不同类型大学创新学科建设的既有实况，实现与国家社会发展需求的相融合。树立以"双一流"建设办法为政策旨归，并以优质高效内涵式理念为"双一流"大学创新型人才培养学科专业课程建设的根本遵循与思想指导；同时立足高校实际、地区特色发展诉求和中国特色，建立有利于"双一流"大学创新型人才培养的学科评估体系。二是注重把改革师资队伍、创新型人才培养、特色学科内涵式建设、区域经济社会服务贡献度放在"双一流"大学创新型人才培养的学科及专业课程建设首位，将创新学科建设理论与创新型人才培养的实际需要相结合，不仅要思考其单一创新学科的建设，还应考虑创新型学科群和学科生态的建设。三是在创新型人才培养专业课程布局实施原则上，遵循"双一流"建设的政策旨趣和特色化的专业性，同时注重兼顾创新型学科与创新型专业课程的共进建设；并且融合校本优势与区域特色、遵照国家扶需扶特诉求、兼顾社会特需共进的创新型人才培养学科专业课程布设理路。四是在创新型人才培养专业课程布局具体行动上，厘清"双一流"大学创新型人才培养学科专业课程布局定位困境，以此建构其细化策略；通过把握学科专业创新优势来重构"双一流"大学创新型人才培养专业课程布局理念，不断调整其创新型人才培养目标，改进学科专业课程布局结构。

（二）以深化教师综合素养来推进专业化师资队伍建设

提高"双一流"大学创新型人才培养质量，关键在教师综合素养的提升。其原因在于，教师综合素养的提升有助于他们提升创新型人才培养理念，并以此关注创新型人才培养质量和素质的增进。从教师工作性质的本位认知来看，教师综合素养主要包括学、行、教、研四个维度，应从多维层面保障专业化师资队伍建设，推进创新型人才培养目标的高效能落实。具体而言，"学"是推进创新型人才培养过程中专业化师资建设的前提，每位教师都应以学之精髓来养成创新型人才的修养品格和创新技能。"行"是每位教师必不可缺的应有品行、品位和素养，是推进创新型人才培养过程中专业化师资建设的关键，并引导着创新型人才在人格与德行上的不断完善和成长。"教"是推进创新型人才培养过程中专业化师资建设的核心,教师只有达到了专业化层级的水准,才能切实高效地完成创新型人才培养的教学任务,直接影响教学质量的高低和创新型人才培养目标的实现。"研"是推进创新型人才培养过程中专业化师资建设的升华,具备精湛的教学和科研能力是"双一流"大学创新型人才培养对教师的必然要求,因为较强的教研能力和教研意识证明着创新精神与创造活力,大学应从研究思维视角来建构起创新型人才培养目标与教学设计。

此外,为推进创新型人才培养的专业化师资队伍建设,还需要让教师认识到自身应有的权利配置,以便提升自身的治理能力,并以此提高参与"双一流"大学创新人才培养目标的契合度。据此,才能保证教师在多方权利博弈的"双一流"大学创新型人才培养目标运行中,依然能够保持自身的教学创新信念,维护自身的学术创新价值,化解在创新型人才培养教学活动中的冲突和矛盾,进而促进教师队伍教学创新治理观的培养与训练。另外,由于现今的"双一流"大学创新型人才培养决策还涉及行政管理的等级、标准、效率观念与平等治理、协商观念差异的规约,所以还要培养教师队伍自身在整体层级上的创新修养和专业智慧,并以此提升自身作为专业权利主体与其他主体之间的沟通、协商能力,保障在"双一流"大学创新型人才培养决策中能够体现专业综合素养,促进"双一流"大学创新型人才培养的专业化师资队伍建设朝着更为科学的方向发展。

(三)以一流创新人才养育标准构筑监评体系

以一流创新型人才标准来决策人才培养监评制度设计,有利于保障"双一流"大学创新型人才培养目标的实现。现今,由于改革"双一流"大学创新型人才培养监评权力结构势在必行,须重新界定创新型人才培养决策模型中的行政权力、制标权力和专业权力,保障以一流创新人才养育标准来构筑创新型人才培养监评体系的核心地位。一方面,确保以一流创新型人才培养标准作为创新型人才培养监评决策旨向。其中，须把创新型人才培养指标落实到"双一流"大学内部治理各项重大决策制度设计中去，特别是一流拔尖创新人才政策的制定和创新型人才目标设定的决策，并以此确保各项监评制度为"双一流"大学创新人才培养服务或为创新型人才培养质量提升服务。另一方面，健全创新型人才培养专业组织机构保障制度。在"双一流"大学中构建不同层级的创新人才培养学术委员会，并赋予相应组织机构对等的权利和责任，将创新型人才培养决策权让渡给创新人才培养学术委员会，并保持系统性的相对独立的监评模式，以确保其每项事务都由具体决策程序和原则，避免发生专权越纪现象，保证在"双一流"大学创新型人才培养监评制度设计上，自始至终以一流创新人才培养标准为目标导向。

另外，需要用一流创新型人才目标来建立高校—教师—学生共维监督机制。从创新型人才培养的内在主体本位角度分析来看，高校、教师和学生共同作为"双一流"大学创新型人才培养的监督主体而存在。因此，在强化"双一流"大学创新型人才培养过程中，要注重创新型人才培养的多维监评主体机制的内涵式建设，以致力于提升和培养创新人才监评系统中高校、教师和学生三维主体的信任感、责任感和协同感，形成合作共进的高效能监评治理氛围。一是保障以一流创新型人才标准为其核心价值的认同，在具体规划三方共维监督机制时，应保障"双一流"大学创新人才培养在本质属性和办学目标及科学理念上形成共同价值观。二是以高校、教师、学生共维监督机制来推动教师与管理者之间就其创新型人才内涵式培养的对话，以化解各主体间的分歧，共同致力于"双一流"大学创新型人才培养走向内涵式的本位发展与建设。另外，还需要按照创新型人才培养监督规章制度来处理具体实施过程中的本质性监评事务，实现公平而有质量的教育，并保证各主体间的监督权与评估追踪权的落实。

此外，我们还应注重引入第三方创新人才培养评价方式，构建起外部监评保障体系。其实，第三方评价是"双一流"建设的重要组成部分，第三方评价的介入在一定程度上使"双一流"大学创新人才培养的监督评价更公正、更准确。与此同时，第三方评价还为"双一流"

大学创新型人才培养的科学实现提供了有利条件和客观保障，因为"双一流"大学创新型人才培养不仅是国家的建设目标，也是学校的建设目标，更是学科的建设目标。所以，"双一流"大学创新型人才培养要牢牢抓住第三方创新人才培养评价监督契机，根据"双一流"大学各自的实际情况以及自身创新创业教育优势，以提高创新型人才培养水平，切实制定出科学可行的创新人才培养监督评估体制与机制。

第三章

科学研究支撑"双一流"大学创新型人才培养相关政策梳理

　　高等学校加快"双一流"大学建设的指导意见，其根本任务和目标就是培养社会主义建设者和接班人。我国"双一流"大学建设，要坚持中国特色社会主义办学方向，引导学生成长成才，逐步建成高水平的高层次人才培养体系，培养拔尖创新人才，全面深化改革，探索"双一流"大学建设之路。"双一流"大学建设要增强服务重大战略需求能力，优化学科布局，建设高素质教师队伍，提升科学研究水平，深化国际合作交流，加强大学文化建设，完善中国特色现代大学制度，也要强化高校内涵建设，打造世界一流学科高峰。国家和地方政策的支持，可以进一步推动高校在发展过程中明确学科建设内涵，突出学科优势与特色，拓展学科育人功能，打造高水平学科团队和梯队，增强学科创新能力，创新学科组织模式，加强协同，形成"双一流"建设合力。健全高校"双一流"建设管理制度，增强高校改革创新自觉性，加大地方区域统筹，加强引导指导督导，完善评价和建设协调机制都具有重要意义。梳理科学研究支撑"双一流"大学创新型人才培养相关政策，系统了解国家和地方的政策支持程度，更有利于找到"双一流"大学创新型人才培养发展模式的变革方向。

一、"新时代高教 40 条"相关主要政策文本

为深入贯彻习近平新时代中国特色社会主义思想和党的十九大精神，全面贯彻落实全国教育大会精神，紧紧围绕全面提高人才培养能力这个核心点，加快形成高水平人才培养体系，培养德智体美劳全面发展的社会主义建设者和接班人，2018 年 10 月，教育部印发了《关于加快建设高水平本科教育、全面提高人才培养能力的意见》（以下简称"新时代高教 40 条"）等文件，决定实施"六卓越一拔尖"计划 2.0。

（一）为本科教育的发展提出明确要求

"新时代高教 40 条"指出，办好我国高校，办出世界一流大学，人才培养是本，本科教育是根。建设高等教育强国必须坚持"以本为本"，加快建设高水平本科教育，培养大批有理想、有本领、有担当的高素质专门人才，为全面建成小康社会、基本实现社会主义现代化、建成社会主义现代化强国提供强大的人才支撑和智力支持。进入新时代以来，高等教育发展取得了历史性成就，高等教育综合改革全面推进，高校办学更加聚焦人才培养，立德树人成效显著。但人才培养的中心地位和本科教学的基础地位还不够巩固，一些学校领导精力、教师精力、学生精力、资源投入仍不到位，教育理念仍相对滞后，评价标准和政策机制导向仍不够聚焦。"新时代高教 40 条"要求，高校必须主动适应国家战略发展新需求和世界高等教育发展新趋势，牢牢抓住全面提高人才培养能力这个核心点，把本科教育放在人才培养的核心地位、教育教学的基础地位、新时代教育发展的前沿地位，振兴本科教育，形成高水平人才培养体系。

"新时代高教 40 条"提出，经过 5 年的努力，"四个回归"全面落实，初步形成高水平的人才培养体系，建成一批立德树人标杆学校，建设一批一流本科专业点，引领带动高校专业建设水平和人才培养能力全面提升，学生学习成效和教师育人能力显著增强；协同育人机制更加健

全，现代信息技术与教育教学深度融合，高等学校质量督导评估制度更加完善，大学质量文化建设取得显著成效。到 2035 年，形成中国特色、世界一流的高水平本科教育，为建设高等教育强国、加快实现教育现代化提供有力支撑。

"新时代高教 40 条"要求，把思想政治教育贯穿高水平本科教育全过程，坚持正确办学方向，坚持德才兼修，提升思政工作质量，强化课程思政和专业思政；围绕激发学生学习兴趣和潜能深化教学改革，改革教学管理制度，推动课堂教学革命，加强学习过程管理，强化管理服务育人，深化创新创业教育改革，提升学生综合素质；全面提高教师教书育人能力，加强师德师风建设，提升教学能力，充分发挥教材育人功能，改革评价体系；大力推进一流专业建设，实施一流专业建设"双万计划"，提高专业建设质量，动态调整专业结构，优化区域专业布局；推进现代信息技术与教育教学深度融合，重塑教育教学形态，大力推进慕课和虚拟仿真实验建设，共享优质教育资源；构建全方位全过程深融合的协同育人新机制，完善协同育人机制，加强实践育人平台建设，强化科教协同育人，深化国际合作育人，深化协同育人重点领域改革；加强大学质量文化建设，完善质量评价保障体系，强化高校质量保障主体意识，强化质量督导评估，发挥专家组织和社会机构在质量评价中的作用；切实做好高水平本科教育建设工作的组织实施，加强组织领导，强化高校主体责任，加强地方统筹，强化支持保障，注重总结宣传。

（二）"六卓越一拔尖"计划 2.0 具体意见逐一发布

为实施好"六卓越一拔尖"计划 2.0，2018 年 10 月以后，教育部与相关部门还印发了《教育部等六部门关于实施基础学科拔尖学生培养计划 2.0 的意见》《教育部农业农村部、国家林业和草原局关于加强农科教结合实施卓越农林人才教育培养计划 2.0 的意见》《教育部、工业和信息化部、中国工程院关于加快建设发展新工科实施卓越工程师教育培养计划 2.0 的意见》《教育部、中央政法委关于坚持德法兼修实施卓越法治人才教育培养计划 2.0 的意见》《教育部、中共中央宣传部关于提高高校新闻传播人才培养能力实施卓越新闻传播人才教育培养计划2.0的意见》《教育部、国家卫生健康委员会、国家中医药管理局关于加强医教协同实施卓越医生教育培养计划2.0的意见》《教育部关于实施卓越教师培养计划2.0的意见》等文件，对文、理、工、农、医、教等领域提高人才培养质量做出具体安排，明确了"六卓越一拔尖"计划2.0的总体思路、目标要求、改革任务和重点举措，在系列卓越拔尖人才教育培养计划1.0的基础上，通过拓围、增量、提质、创新，扩大了各个计划的实施范围，增强了各项改革举措的力度，提升了改革发展的质量内涵。

二、鼓励"双一流"大学建设主要政策文本

"双一流"大学建设思想，以习近平新时代中国特色社会主义思想为指导，深入贯彻落实党的十九大精神，紧紧围绕统筹推进"五位一体"总体布局和协调推进"四个全面"战略布局，全面贯彻落实党的教育方针，以中国特色世界一流为核心，以高等教育内涵式发展为主线，落实立德树人根本任务，紧紧抓住坚持办学正确政治方向、建设高素质教师队伍和形成高水平人才培养体系三项基础性工作，以体制机制创新为着力点，全面加强党的领导，调动各种积极因素，在深化改革、服务需求、开放合作中加快发展，努力建成一批中国特色社会主义标杆大学，确保实现"双一流"建设总体方案确定的战略目标。在"双一流"大学建设思想提出之后，鼓励"双一流"大学建设的政策也陆续发布，主要文本可以按照政策发布属于国家层面发布或地方层面发布两大类进行分类梳理。

（一）国家层面发布的鼓励"双一流"大学建设政策文本

"双一流"大学建设是新时代我国大学发展的战略目标，2015年8月18日，中央全面深化改革领导小组会议审议通过《统筹推进世界一流大学和一流学科建设总体方案》；同年10月24日，国务院印发《统

筹推进世界一流大学和一流学科建设总体方案》;对新时期高等教育重点建设做出新部署,将"211工程""985工程"及"优势学科创新平台"等重点建设项目,统一纳入世界一流大学和一流学科建设;同年11月,由国务院印发,决定统筹推进建设世界一流大学和一流学科。此后,关于国家层面鼓励"双一流"大学创新型人才培养的相关政策,为什么实施、由谁实施、如何实施"双一流"大学的创新型人才培养的官方话语开始频繁出现在各大政策文本中。为了更加清晰地梳理国家层面发布的鼓励"双一流"大学建设政策文本,下面按照政策文本发布的时间顺序,整理国家层面鼓励"双一流"大学创新型人才培养政策一览表,如表3-1所示。

表3-1   国家层面鼓励"双一流"大学创新型人才培养政策一览表

政策文件名称(时间)	政策发布机构	相关政策内容
国务院关于《高等教育改革与发展工作情况》的报告(2016年8月31日)	国务院	加快建成一批世界一流大学和一流学科,印发《统筹推进世界一流大学和一流学科建设总体方案》,对下一步重点建设工作做出战略部署
教育部、国务院学位委员会关于印发《学位与研究生教育发展"十三五"规划》的通知(2017年1月17日)	教育部国务院学位委员会	形成拔尖创新人才培养高地。统筹建设世界一流大学和一流学科,若干所大学和一批学科进入世界一流行列,若干学科进入世界一流学科前列。建成一批中国特色、国际一流的研究生培养基地
关于印发《教育部科技司2017年工作要点》的通知(2017年3月7日)	教育部	服务创新驱动发展战略和高等教育质量提升,有力支撑"双一流"建设,扎实推进教育信息化年度工作,引领教育现代化建设进程,以优异的成绩迎接党的十九大胜利召开
教育部科技司关于《商请选送高校科技工作重大进展宣传材料》的通知(2017年4月19日)	教育部科技司	科技创新支撑人才培养、引领新兴交叉学科建设方面取得的突出成绩:如大学生创新创业、研究生优秀成果等,反映高校科教融合本质特征,为"双一流"建设探索有效路径

政策文件名称（时间）	政策发布机构	相关政策内容
关于《编报 2018 年教育现代化推进工程中央预算内投资计划建议方案的通知（发改办社会〔2017〕1836 号）》（2017 年 11 月 17 日）	国家发展改革委办公厅、教育部办公厅、人力资源社会保障部办公厅	中央预算内投资对中央高校"双一流"学科建设所需基础设施给予支持。按照国家发展改革委、教育部《关于做好中央预算内投资支持中央高校"双一流"建设项目储备申报工作的通知》，进一步明确学科基础设施支持范围，对列入"双一流"建设名单的高校学科基础设施优先支持
教育部发布《高校思想政治工作质量提升工程实施纲要》的通知（2017 年 12 月 6 日）	教育部	发挥科研育人功能，优化科研环节和程序，完善科研评价标准，改进学术评价方法，促进成果转化应用。强化高校思想政治工作督导考核，把加强和改进高校思想政治工作纳入高校巡视、"双一流"建设、教学科研评估范围，作为各级党组织和党员干部工作考核的重要内容
国家知识产权局办公室、教育部办公厅关于印发《高校知识产权信息服务中心建设实施办法》的通知（2017 年 12 月 25 日）	国家知识产权局办公室、教育部办公厅	深入实施国家创新驱动发展战略，完善知识产权信息公共服务网络，提升高校创新能力，支撑高校"双一流"建设
教育部关于公布《首批全国高校黄大年式教师团队》的通知（2018 年 1 月 3 日）	教育部	各地各校要以"全国高校黄大年式教师团队"为示范，切实推进高校教师团队建设，打造高素质专业化创新型的高校教师队伍，为加快"双一流"建设，实现高等教育内涵发展奠定基石
教育部办公厅关于印发《贯彻落实〈高校思想政治工作质量提升工程实施纲要〉部内分工方案》的通知（2018 年 1 月 9 日）	教育部办公厅	培养师生科学精神和创新意识，引导师生积极参与科技创新团队和科研创新训练。加强创新创业教育，开发专门课程，健全课程体系，实施"大学生创新创业训练计划"，支持学生成立创新创业类社团。强化高校思想政治工作督导考核，把加强和改进高校思想政治工作纳入高校巡视、"双一流"建设、教学科研评估范围
教育部、国家外国专家局关于《2018 年度新建高等学校学科创新引智基地立项》的通知（2018 年 1 月 12 日）	教育部、国家外国专家局	把引智和创新有机融合，充分发挥引智效益，支持和引领"双一流"建设

续表

政策文件名称（时间）	政策发布机构	相关政策内容
教育部办公厅关于《公布首批"新工科"研究与实践项目》的通知（2018年3月15日）	教育部办公厅	鼓励部属高校统筹使用中央高校教育教学改革专项经费；鼓励"双一流"建设高校将"新工科"研究与实践项目纳入"双一流"建设总体方案
关于印发《教育部科技司2018年工作要点》的通知（2018年3月16日）	教育部科技司	扎实落实2017年全国高校科技工作会议和科技创新军民融合发展工作会议工作部署，深化科教融合，强化创新驱动，有力支撑"双一流"建设，服务创新型国家建设；推动教育信息化转段升级，引领和支撑教育现代化
国务院关于落实《政府工作报告》重点工作部门分工的意见（2018年4月12日）	国务院	加强国家创新体系建设。落实和完善创新激励政策。以经济社会发展需要为导向，优化高等教育结构，加快"双一流"建设，支持中西部建设有特色、高水平大学。推进"双创"示范基地建设，鼓励大企业、高校和科研院所等开放创新资源，发展平台经济、共享经济，形成线上线下结合、产学研用协同、大中小企业融合的创新创业格局，打造"双创"升级版
教育部科技司关于举办《第八期、第九期高校科技工作专题培训班》的通知（2018年4月25日）	教育部科技司	深入贯彻落实党的十九大精神，以习近平新时代中国特色社会主义思想为指引，聚焦世界科技强国和高等教育强国建设发展目标和任务部署，推进落实高校科技创新"奋进之笔"重点任务，深入交流高校科技支撑双一流建设、加强高校基础研究、促进科技成果转移转化等创新经验。培训班内容以专题报告、工作交流、分组研讨等形式展开
教育部科学技术司、中关村科技园区管理委员会关于印发《促进在京高校科技成果转化实施方案》的通知（2018年5月2日）	教育部科技司	完善协同创新中心运行机制。建立企业—高校协同创新中心。强化对在京高校的政策引导。将高校科技成果转化绩效纳入"双一流"建设考核评价体系

续表

政策文件名称（时间）	政策发布机构	相关政策内容
教育部关于印发《高等学校科技成果转化和技术转移基地认定暂行办法》的通知（2018 年 5 月 22 日）	教育部	以服务国家重大区域发展战略和经济社会发展需求为导向，充分发挥科技创新对高校人才培养和"双一流"建设的带动作用，打造一批体系健全、机制创新、市场导向的高校科技成果转化和技术转移平台，结合实际开展体制机制探索，形成一批可复制、可推广的经验做法，促进高校科技成果转移转化能力明显提升，各具特色的高校科技成果转移转化体系逐步建立和完善
教育部关于印发《前沿科学中心建设方案（试行）》的通知（2018 年 7 月 19 日）	教育部	承担建设任务的高等学校结合"双一流"建设规划布局，汇聚整合各类创新资源，发挥学科群优势，培育和建设前沿科学中心。中心面向世界汇聚一流人才团队，促进学科深度交叉融合，建设体制机制改革示范区，率先实现前瞻性基础研究、引领性原创成果的重大突破，在关键领域自主创新中发挥前沿引领作用
教育部关于印发《高等学校基础研究珠峰计划》的通知（2018 年 7 月 19 日）	教育部	组建世界一流创新大团队；建设世界领先科研大平台；培育抢占制高点科技大项目；持续产出引领性原创大成果
关于《深化教育体制机制改革的实施意见》（2018 年 7 月 31 日）	中共中央办公厅、国务院办公厅	支持"双一流"和高水平大学建设。建立部省共建"双一流"建设高校的机制，探索省市共建高水平大学。凡属简政放权、先行先试的改革试点，"双一流"和高水平大学建设高校可以"一事一报""一校一策"方式向省有关部门申报实施。优先支持"双一流"和高水平大学建设高校增设博士、硕士学位点，倾斜安排研究生招生计划特别是博士研究生招生计划。完善高水平大学建设绩效评价标准，动态调整支持力度。发挥"双一流"建设学科引领作用，建立一批高校学科联盟

续表

政策文件名称（时间）	政策发布机构	相关政策内容
教育部、财政部、国家发展改革委印发《关于高等学校加快"双一流"建设的指导意见》的通知（2018 年 8 月 20 日）	教育部、财政部、国家发展和改革委员会	率先确立建成一流本科教育目标，强化本科教育基础地位，把一流本科教育建设作为"双一流"建设的基础任务，建成一批一流本科专业；进一步明确不同学位层次的培养要求，改革培养方式，加快建立科教融合、产学结合的大学生培养机制，着力改进大学生培养体系，提升大学生创新能力。将创新创业能力和实践能力培养融入课程体系
教育部关于《加快建设高水平本科教育全面提高人才培养能力》的意见（2018 年 10 月 8 日）	教育部	办出世界一流大学，人才培养是本，本科教育是根。建设高等教育强国必须坚持"以本为本"，加快建设高水平本科教育，培养大批有理想、有本领、有担当的高素质专门人才，为全面建成小康社会、基本实现社会主义现代化、建成社会主义现代化强国提供强大的人才支撑和智力支持
科技部、教育部、人力资源社会保障部等关于《开展清理"唯论文、唯职称、唯学历、唯奖项"专项行动》的通知（2018 年 10 月 15 日）	科技部、教育部、人力资源社会保障部	重点清理学科评估、"双一流"建设、基地建设、成果奖励、人才项目等活动中涉及"四唯"的做法。指导和督促所属高校清理内部管理中涉及"四唯"的做法
教育部关于《脑与脑机融合前沿科学中心立项建设》的通知（2018 年 10 月 16 日）	教育部	把中心建设作为世界一流大学和一流学科建设的重要抓手，结合"双一流"建设规划布局，汇聚整合各类创新资源，发挥学科群优势，面向世界汇聚一流人才团队，促进学科深度交叉融合，建设体制机制改革示范区，率先实现前瞻性基础研究、引领性原创成果的重大突破，在关键领域自主创新中发挥前沿引领作用
教育部关于印发《高校科技创新服务"一带一路"倡议行动计划》的通知（2018 年 11 月 12 日）	教育部	加快科技创新平台建设；推动高校科技成果转化；深化高校科技人文交流；促进科技人才交流；加强保障措施，各高校"一带一路"建设的服务贡献度，作为评价高校"双一流"建设的重要方面

续表

政策文件名称（时间）	政策发布机构	相关政策内容
中共中央、国务院关于支持《河北雄安新区全面深化改革和扩大开放》的指导意见（2019 年 1 月 24 日）	中共中央、国务院	引导和支持在京高校、有创新特色的中等职业学校等通过整体搬迁、办分校、联合办学等多种方式向雄安新区疏解转移，支持"双一流"建设高校在雄安新区办学，以新机制、新模式组建雄安大学，统一建设公共服务设施、科研设施、科技创新平台，努力建设世界一流大学和一流学科
中共中央办公厅、国务院办公厅印发《加快推进教育现代化实施方案（2018—2022 年)》（2019 年 2 月 23 日）	中共中央办公厅、国务院办公厅	加快"双一流"建设，推动建设高等学校全面落实建设方案，研究建立中国特色"双一流"建设的综合评价体系。建设一流本科教育，深入实施"六卓越一拔尖"计划 2.0，实施一流专业建设"双万计划"，实施创新创业教育改革燎原计划、高等学校毕业生就业创业促进计划。提升研究生教育水平，完善产教融合的专业学位研究生培养模式、科教融合的学术学位研究生培养模式，加强紧缺高端复合人才培养。提升高等学校科学研究与创新服务能力
科技部、教育部印发《关于促进国家大学科技园创新发展的指导意见》的通知（2019 年 3 月 29 日）	科技部、教育部	深入推进大众创业万众创新，进一步发挥高校源头创新作用，推动国家大学科技园新一轮有序发展；对于提升创业科技内涵，发展新技术、新业态、新模式、新产业，扩大优质增量供给，推动新旧动能转换和经济结构转型升级，具有引领意义；对于支撑高校"双一流"建设，提升科研育人功能，培养创新创业人才，推进教育和科技深度融通，具有示范意义
科技部、教育部关于印发《国家大学科技园管理办法》的通知（2019 年 4 月 3 日）	科技部、教育部	国家大学科技园要发挥创新人才培养功能，通过开展创新创业教育，搭建创新创业实践平台，提升科研育人功能，增强大学生的创新精神、创业意识和创新创业能力，培育富有企业家精神的创新创业后备力量，引领支撑高校"双一流"建设
关于下达《2019 年支持地方高校改革发展资金预算》的通知（2019 年 4 月 29 日）	财政部、教育部	"双一流"资金、"部省合建"资金、少数民族本专科预科生等补助资金应下达到相关高校

续表

政策文件名称（时间）	政策发布机构	相关政策内容
国家发展改革委等部门关于印发《促进健康产业高质量发展行动纲要（2019—2022年）》的通知（2019年9月29日）	国家发展改革委等	加强院校教育培养。制定健康产业人才培养引导性专业目录，调整优化医学教育专业结构，加强紧缺人才培养。以医学"双一流"建设院校为基础，加快培养基础医学、药学、医疗器械、医学新材料、医疗信息化等方向的高素质研究型人才。加强医教协同，进一步实施好卓越医生教育培养计划
教育部关于《一流本科课程建设的实施意见》（2019年10月31日）	教育部	以习近平新时代中国特色社会主义思想为指导，贯彻落实党的十九大精神，落实立德树人根本任务，把立德树人成效作为检验高校一切工作的根本标准，深入挖掘各类课程和教学方式中蕴含的思想政治教育元素，建设适应新时代要求的一流本科课程，让课程优起来、教师强起来、学生忙起来、管理严起来、效果实起来，形成中国特色、世界水平的一流本科课程体系，构建更高水平人才培养体系
中共教育部党组关于《教育系统学习贯彻党的十九届四中全会精神》的通知（2019年11月7日）	教育部	提高本科教育质量，提升高校原始创新能力和关键核心技术集成攻关能力，完善创新体系，加快推进"双一流"建设。完善职业技术教育、高等教育、继续教育统筹协调发展机制
教育部关于印发《高等学校国家重大科技基础设施建设管理办法（暂行）》的通知（2019年11月7日）	教育部	高校应围绕世界科技前沿、国家战略需求和经济社会发展重大需求，依托一流学科和重大科技平台，组建研究团队，筹措预研经费，调研用户需求，开展项目预研，形成建议方案，为大设施建设提供人才、技术和工程储备
教育部关于《在部分高校开展基础学科招生改革试点工作》的意见（2020年1月15日）	教育部	加强统筹协调，与加快"双一流"建设、基础学科拔尖学生培养、加强科技创新等改革相衔接，形成改革合力。促进公平公正，着力完善制度规则，切实保障考试招生机会公平、程序公开、结果公正

续表

政策文件名称（时间）	政策发布机构	相关政策内容
教育部、国家发展改革委、国家能源局关于印发《储能技术专业学科发展行动计划（2020—2024年）》的通知（2020年2月11日）	教育部、国家发展改革委、国家能源局	随着我国储能技术发展从试点建设向大规模产业应用加快推进，以"双一流"建设高校为代表的高等学校面向能源革命战略需求，培育了一批高层次人才和高水平研究团队，在储能相关领域积累了大量基础性研究成果，在部分相关学科实现了原创性关键突破
教育部、国家发展改革委、财政部印发《关于"双一流"建设高校促进学科融合加快人工智能领域研究生培养的若干意见》的通知（2020年3月3日）	教育部、国家发展改革委、财政部	以习近平新时代中国特色社会主义思想为指导，全面贯彻党的十九大和十九届二中、三中、四中全会精神，依托"双一流"建设，深化人工智能内涵，构建基础理论人才与"人工智能＋X"复合型人才并重的培养体系，探索深度融合的学科建设和人才培养新模式，着力提升人工智能领域研究生培养水平，为我国抢占世界科技前沿，实现引领性原创成果的重大突破，提供更加充分的人才支撑
教育部关于印发《高校银龄教师支援西部计划实施方案》的通知（2020年3月26日）	教育部	面向西部地区行业、产业、企业急需的紧缺专业，遴选组织一批高校优秀退休教师支教、支研，发挥高校优秀退休教师的政治优势、经验优势和专业优势，帮助提升西部高校立德树人、队伍建设和科研创新的能力，推动西部地区高校"双一流"建设，缓解西部地区高校师资总量不足和结构不合理等矛盾，提升西部高等教育发展水平
中共中央、国务院关于《新时代推进西部大开发形成新格局》的指导意见（2020年5月17日）	中共中央、国务院	进一步深化东西部科技创新合作，打造协同创新共同体。在西部地区布局建设一批应用型本科高校、高职学校，支持"双一流"大学对西部地区开展对口支援。深入推进大众创业万众创新，促进西部地区创新创业高质量发展，打造"双创"升级版

（二）地方层面发布的鼓励"双一流"大学建设政策文本

"双一流"大学建设是新时代我国大学发展的战略目标，从2017年开始，在地方层面鼓励"双一流"大学创新型人才培养的相关政策中，为什么实施、由谁实施、如何实施"双一流"大学的创新型人才培养的官方话语也开始频繁出现在各省市政策文本中。为了更加清晰地梳理地方层面发布的鼓励"双一流"大学建设政策文本，按照政策文本发布的时间顺序，我们编制了地方层面鼓励"双一流"大学创新型人才培养的主要政策实践一览表，如表3-2所示。

表3-2 地方层面鼓励"双一流"大学创新型人才培养的主要政策实践一览表

政策文件名称（时间）	政策发布机构	相关政策内容
《山西省人民政府关于实施"1331工程"统筹推进"双一流"建设的意见》（2017年2月26日）	山西省人民政府	以学科建设为基础，将一流大学和一流学科建设与服务经济社会发展紧密结合，促进高校学科、人才、科研与产业互动，培养高素质创新人才
《忻州市人民政府关于落实"1331"加强校地（校企）合作统筹推进"双一流"建设的实施意见》（2017年5月23日）	忻州市人民政府	加快高等教育治理体系和治理能力现代化改革步伐，创新人才培养模式，提高科学研究水平，提升社会服务能力。以学科建设为基础，将一流大学和一流学科建设与服务经济社会发展紧密结合，促进高校学科、人才、科研与产业互动
《宁波市人民政府关于支持宁波大学关于加快建设"双一流"大学的若干意见》（2018年5月8日）	宁波市人民政府	着力把一流学术资源、一流学科资源转化为一流教学资源，进一步推进一流本科教育，改革本科人才培养模式，加快培养高素质、高水平的一流创新人才
浙江省财政厅、浙江省教育厅关于印发《浙江省高校"双一流"建设专项资金管理办法》的通知（2019年2月1日）	浙江省财政厅、教育厅	提升高等教育水平，推动高校"双一流"[一流高校、一流学科（专业）]建设，整合省政府奖学金、省重点高校建设、省重点高职暨优势高职院校建设、省一流学科建设项目、新型高校运行保障机制补助、国家"双一流"建设省配套补助等项目，设立浙江省高校"双一流"建设专项资金

续表

政策文件名称（时间）	政策发布机构	相关政策内容
河南省教育厅关于成立河南省"双一流"建设领导小组办公室的通知（2019 年 3 月 13 日）	河南省教育厅	按照《中共河南省委河南省人民政府关于支持郑州河南大学"双一流"建设的若干意见》和《河南省政府办公厅关于成立河南省"双一流"建设领导小组的通知》要求，为加强对"双一流"建设工作的引导指导督导，决定成立河南省"双一流"建设领导小组办公室
关于印发《湖南省高等学校"双一流"学科建设项目管理办法》的通知（2019 年 3 月 13 日）	湖南省教育厅	坚持以习近平新时代中国特色社会主义思想为指导，深入贯彻党的教育方针，根据国家战略和湖南经济社会发展需要，瞄准学科发展前沿，凝练学科方向，推进学科交叉融合，建设学科高峰；以创建一流为目标，以人才培养为核心，以服务需求为导向，以深化改革为动力，创新体制机制，形成学科优势与特色，在支撑创新驱动发展战略、军民融合发展战略、服务经济社会发展、弘扬中华和湖湘优秀传统文化等方面发挥重大作用
镇江市人民政府办公室关于报送《推进江苏大学创建"双一流"高水平大学合作内容》的通知（2019 年 6 月 10 日）	镇江市人民政府办公室	支持江苏大学创建"双一流"高水平大学，更好地实现校地融合发展
云南省教育厅关于《拨付 2019 年云南大学第二批省级"双一流"建设资金》的通知（2019 年 6 月 19 日）	云南省教育厅	根据《云南省财政厅关于云南省教育厅 2019 年部门预算的批复》《云南省财政厅关于下达 2019 年云南大学第二批省级"双一流"建设资金的通知》精神，为推进你校"双一流"建设工作，现将 5 亿元专项资金拨付你校，此笔资金列入"2050205 高等教育"预算科目，其中 2.07 亿元列入"505 对事业单位经常性补助"经济分类科目，0.93 亿元列入"506 对事业单位资本性补助"经济分类科目，2 亿元列入"509 对个人和家庭的补助"经济分类科目

三、鼓励科研支撑大学创新型人才培养主要政策文本

《国家中长期教育改革和发展规划纲要（2010—2020 年）》明确指出，到 2020 年，基本实现教育现代化，基本形成学习型社会，进入人力资源强国行列。到 2020 年，我国要建成一批国际知名，有特色、高水平的高等学校，若干所大学要达到或接近世界一流水平。对"双一流"大学建设过程中如何鼓励科研支撑大学创新型人才培养，国家和地方也提出了很多政策并陆续发布。

（一）国家层面鼓励科研支撑大学创新型人才培养的政策文本

构建科学研究支撑大学人才培养的政策体系时，提高学生参与到科学研究的动力，培养其学术素养，提高其动手能力，鼓励教师及时将科研成果转化为教学投入，令高校的科研、教学活动不偏离发展目标，推动完善科学研究支撑大学人才培养的人才培养模式，相关的政策必不可少。从 2010 年开始，国家层面鼓励大学创新型人才培养相关政策的官方话语频繁出现在各大政策文本中。为了更加直观地梳理国家层面鼓励科研支撑大学创新型人才培养的文本政策，我们制作国家层面鼓励大学创新型人才培养政策一览表，如表 3-3 所示。

表 3-3　　　　国家层面鼓励大学创新型人才培养政策一览表

政策文件名称（时间）	政策发布机构	相关政策内容
教育部关于开展《高等学校和工程研究院所联合培养博士研究生试点工作》的通知（2010 年 3 月 30 日）	教育部	提高认识，高度重视联合培养博士研究生工作。设立专项计划，确保联合培养博士研究生工作落实。突出创新，进一步完善联合培养工作制度体系。加强协作，精心实施，不断推进联合培养工作向深层次发展

续表

政策文件名称（时间）	政策发布机构	相关政策内容
教育部办公厅关于举办《第四届中外大学校长论坛》的通知（2010 年 3 月 31 日）	教育部办公厅	大学营造创新型人才成长的环境；高水平大学的教学模式创新要点；大学人才培养的质量保障与评价；加强大学与企业合作，促进人才培养；绿色大学建设
《国家中长期教育改革和发展规划纲要（2010—2020 年）》（2010 年 7 月 29 日）	教育部	牢固确立人才培养在高校工作中的中心地位，着力培养信念执着、品德优良、知识丰富、本领过硬的高素质专门人才和拔尖创新人才。加强高校重点科研创新基地与科技创新平台建设。完善以创新和质量为导向的科研评价机制
教育部、财政部关于《"十二五"期间实施"高等学校本科教学质量与教学改革工程"》的意见（2011 年 7 月 1 日）	教育部、财政部	提高质量是高等教育发展的核心任务，全面提高高等教育质量的核心是大力提升人才培养水平，遵循高等教育教学规律和人才成长规律，进一步整合各项改革成果，加强项目集成与创新，把握重点与核心，提高项目建设对人才培养的综合效益，实施"本科教学工程"，通过一段时间的改革建设，力争取得明显成效，更好地满足经济社会发展对应用型人才、复合型人才和拔尖创新人才的需要
教育部关于做好《"本科教学工程"国家级大学生创新创业训练计划实施工作》的通知（2012 年 2 月 22 日）	教育部	通过实施国家级大学生创新创业训练计划，促进高等学校转变教育思想观念，改革人才培养模式，强化创新创业能力训练，增强高校学生的创新能力和在创新基础上的创业能力，培养适应创新型国家建设需要的高水平创新人才
教育部办公厅关于印发《普通本科学校创业教育教学基本要求（试行）》的通知（2012 年 8 月 1 日）	教育部办公厅	把创业教育融入人才培养体系，贯穿人才培养全过程。着力引导学生正确理解创业与国家经济社会发展的关系，着力引导学生正确理解创业与职业生涯发展的关系，提高学生的社会责任感、创新精神和创业能力。结合学校办学定位、人才培养规模和办学特色，适应学生发展特别是学生创业需求，分类开展创业教育教学。建立健全创业教育与专业教育紧密结合的多样化教学体系。丰富实践教学内容，改进实践教学方法，激励学生创业实践

政策文件名称（时间）	政策发布机构	相关政策内容
国家文物局关于《高层次文博行业人才提升计划》的通知（2015 年 8 月 17 日）	国家文物局	进一步提高文物系统干部队伍整体素质，培养一批适应文博行业发展需要的高素质人才，国家文物局与西北大学、北京建筑大学合作，实施"高层次文博行业人才提升计划"
教育部办公厅关于《编制发布高校毕业生就业质量年度报告》的通知（2015 年 11 月 2 日）	教育部办公厅	各省级高校毕业生就业工作主管部门要加强对高校编制发布毕业生就业质量年度报告的指导和督促检查，按职责分工和时间进度抓好落实，有条件的地方可委托第三方评价，通过多种有效方式，进一步促进高校人才培养、社会需求和就业的良性互动
关于《改革完善中央高校预算拨款制度的通知》（2015 年 11 月 17 日）	教育部、财政部	支持世界一流大学和一流学科建设，引导中央高校提高质量、优化结构、办出特色，加快内涵式发展，更好地为全面建成小康社会服务。引导和支持中央高校全面提升人才培养、科学研究、社会服务、文化传承创新等整体水平，为创新驱动发展战略、人才强国战略、可持续发展战略、城镇化发展战略等国家战略的实施，提供智力支持和人才保障
国务院学位委员会关于印发国务院《副总理、国务院学位委员会主任委员刘延东同志在国务院学位委员会第三十二次会议上讲话》的通知（2016 年 3 月 7 日）	国务院学位委员会	我国教育普及水平和人力资源开发水平大幅度提升，教育公平迈出重要步伐，质量稳步提高，结构不断优化调整，改革取得重要突破，服务经济社会发展能力显著增强，国际影响力不断扩大，我国教育发展迈上了一个新的台阶，总体发展水平进入世界中上行列。五年来，学位与研究生教育坚持"服务需求、提高质量"主线，深化综合改革，创新培养机制，取得了显著成绩
国务院关于印发《国家教育事业发展"十三五"规划》的通知（2017 年 1 月 19 日）	国务院	教育体制改革取得重要进展，人才培养体制、办学体制、管理体制、评价体制、保障体制改革全面深化，一些重点领域和环节取得突破性进展

续表

政策文件名称（时间）	政策发布机构	相关政策内容
教育部办公厅关于举办《2018 年全国普通高等学校音乐、美术教育专业本科学生基本功展示》的通知（2018 年 6 月 6 日）	教育部办公厅	深入学习贯彻落实习近平新时代中国特色社会主义思想和党的十九大精神，落实立德树人根本任务，创新人才培养模式，提高人才培养质量，建设满足基础教育改革发展需要的高素质专业化创新型音乐、美术教师队伍，展示新时代高校音乐、美术教育专业学生的综合素质、专业化水平和创新实践能力
教育部、财政部、国家发展改革委印发《关于高等学校加快"双一流"建设的指导意见》的通知（2018 年 8 月 20 日）	教育部、财政部、国家发展和改革委员会	率先确立建成一流本科教育目标，强化本科教育基础地位，把一流本科教育建设作为"双一流"建设的基础任务，建成一批一流本科专业；进一步明确不同学位层次的培养要求，改革培养方式，加快建立科教融合、产学结合的大学生培养机制，着力改进大学生培养体系，提升大学生创新能力。将创新创业能力和实践能力培养融入课程体系
教育部关于举办《第五届中国"互联网 +"大学生创新创业大赛》的通知（2019 年 3 月 27 日）	教育部	以赛促学，培养创新创业生力军。以赛促教，探索素质教育新途径。以赛促创，搭建成果转化新平台
教育部关于印发《国家级大学生创新创业训练计划管理办法》的通知（2019 年 7 月 31 日）	教育部	深化高校创新创业教育改革，提高大学生创新创业能力，培养造就创新创业生力军，加强国创计划的实施管理

（二）地方层面鼓励科研支撑大学创新型人才培养的政策文本

　　我国地方政府各部门也非常重视科学研究支撑大学人才培养，地方政府及相关部门也发布了各类鼓励科研支撑大学创新型人才培养的政策文本。从 2017 年开始，关于地方层面鼓励大学创新型人才培养相关政策的官方话语就频繁出现在各省市政策文本中，为了更加直观地梳理地方层面鼓励科研支撑大学创新型人才培养的文本政策，我们编制了地方层面鼓励大学创新型人才培养的主要政策实践一览表，如表 3 - 4 所示。

表 3 - 4　　　地方层面鼓励大学创新型人才培养的主要政策实践一览表

政策文件名称（时间）	政策发布机构	相关政策内容
《山西省人民政府关于实施"1331 工程"统筹推进"双一流"建设的意见》（2017 年 2 月 26 日）	山西省人民政府	以学科建设为基础，将一流大学和一流学科建设与服务经济社会发展紧密结合，促进高校学科、人才、科研与产业互动，培养高素质创新人才
《忻州市人民政府关于落实"1331"加强校地（校企）合作统筹推进"双一流"建设的实施意见》（2017 年 5 月 23 日）	忻州市人民政府	加快高等教育治理体系和治理能力现代化改革步伐，创新人才培养模式，提高科学研究水平，提升社会服务能力。以学科建设为基础，将一流大学和一流学科建设与服务经济社会发展紧密结合，促进高校学科、人才、科研与产业互动
北京市教育委员会关于《进一步深化北京高校大学生创业园孵化体系建设工作》的通知（2017 年 11 月 14 日）	北京市教育委员会	要积极构建"一街三园"北京高校大学生创业园孵化体系，在此基础上，推动高校加强大学生创业园或创业孵化基地建设，力争形成定位准确、布局合理、功能齐全、市校两级互动互补的创业园孵化体系。为充分发挥高校学科领域及地理位置优势，进一步扩大北京地区高校市级大学生创业园辐射能力，为大学生提供高质量、全方位创业指导与孵化服务
《宁波市人民政府关于支持宁波大学关于加快建设"双一流"大学的若干意见》（2018 年 5 月 8 日）	宁波市人民政府	着力把一流学术资源、一流学科资源转化为一流教学资源，进一步推进一流本科教育，改革本科人才培养模式，加快培养高素质、高水平的一流创新人才
天津市人力社保局关于《选派我市创新型人才赴清华大学做 2018 年度访问学者》的通知（2018 年 5 月 9 日）	天津市人力资源和社会保障局	为进一步提高我市创新型人才的专业水平和创新能力，根据天津市人民政府与清华大学签署的高层次人才培养合作协议，经研究，决定继续选派一批创新型人才赴清华大学做访问学者进行专业研修

续表

政策文件名称（时间）	政策发布机构	相关政策内容
河北省教育厅关于《全面加强高校创业孵化园（众创空间）建设工作》的通知（2018 年 5 月 18 日）	河北省教育厅	加快高校创业孵化园（众创空间）建设，2018 年 10 月每所高等学校至少创办一个创业孵化园（众创空间），全省力争重点建设高校创业孵化示范园（众创空间）达到 60 个。基本形成特色突出、功能完善、承载能力强的多元化创新创业实践平台体系，能够较好地服务于创新型、创业型人才培养，推动高校师生科研成果转化，培育出一批具有市场潜力、效益良好的科技型大学生创业项目
天津市人力社保局关于印发天津市大学生企业家创业导师专项行动方案的通知（2018 年 6 月 12 日）	天津市人力资源和社会保障局	为深入贯彻落实《中共天津市委、天津市人民政府关于营造企业家创业发展良好环境的规定》精神，充分发挥人力社保部门职能作用，进一步激发企业家创新创业活力，根据相关规定"每年选聘 100 名企业家担任大学生创业导师"。为做好相关工作，决定开展大学生企业家创业导师专项行动，并研究制订了行动方案
关于印发《江西省大学科技园认定管理办法》的通知（2018 年 8 月 30 日）	江西省科技厅	围绕国家、江西省社会经济和科技发展战略目标，以服务江西省实体经济为宗旨，以江西省高等学校为依托，充分发挥江西省高校人才、科技、学科等综合优势，结合社会行业产业优势资源，通过高水平平台大学科技园建设，为高等学校科技成果转化、高新技术企业孵化、创新创业人才培养、产学研结合提供技术支撑和服务
天津市教委关于印发《天津市高等学校人工智能创新行动计划》的通知（2019 年 1 月 4 日）	天津市教委	引导高等学校瞄准世界科技前沿，强化基础研究，努力实现前瞻性基础研究和引领性原创成果的重大突破，进一步提升高等学校人工智能领域人才培养、科技创新以及服务国家和我市产业发展需求的能力，特制订本实施计划

政策文件名称（时间）	政策发布机构	相关政策内容
关于举办《"建行杯"第五届山东省"互联网＋"大学生创新创业大赛暨第五届中国"互联网＋"大学生创新创业大赛选拔赛》的通知（2019 年 5 月 13 日）	山东省教育厅	对接全国大赛，充分体现山东特色，实现学校、学生类型的全覆盖。广泛实施"青年红色筑梦之旅"活动，促进创新创业教育与思想政治教育、专业教育、体育、美育、劳动教育紧密结合。服务乡村振兴和脱贫攻坚等国家战略，助推科研成果转化应用，服务国家创新发展
北京市教育委员会关于举办第五届中国"互联网＋"大学生创新创业大赛北京赛区比赛的通知（2019 年 5 月 15 日）	北京市教育委员会	加快培养创新创业人才，持续激发学生创新创业热情，展示创新创业教育成果，搭建大学生创新创业项目与社会资源对接平台
福建省教育厅关于印发《福建省全面振兴本科教育实施意见》的通知（2019 年 7 月 19 日）	福建省教育厅	坚持"以本为本"，推进"四个回归"、全面振兴本科教育，全力推进一流本科建设，为我省高质量发展落实赶超提供有力的人才支撑。加强党对教育事业的全面领导，推进一流学科专业建设，建设一流师资队伍，培养一流人才，深化共建共享，扩大合作交流，加强质量保障
绍兴市教育局关于做好《2019 年度大学生科技创新项目立项申报工作》的通知（2019 年 7 月 23 日）	绍兴市教育局	旨在引导大学生积极开展多种形式的创新实践活动，促进高校教学改革，增强创新人才培养力度，满足经济社会发展对复合型、创新型人才的需要
北京市教育委员会关于继续深化北京高校大学生创业园孵化体系建设工作的通知（2019 年 9 月 5 日）	北京市教育委员会	充分发挥高校学科领域及地理位置优势，进一步扩大北京地区高校市级大学生创业园辐射能力，为大学生提供高质量、全方位创业指导与孵化服务，2017 年至 2018 年，市教委共遴选出 16 所高校大学生创业园纳入"一街三园多点"北京高校大学生创业园孵化体系。按照工作计划，2019 年继续开展深化北京高校大学生创业园孵化体系建设工作，拟遴选 10 个左右大学生创业园高校分园

续表

政策文件名称（时间）	政策发布机构	相关政策内容
河南省教育厅关于实施《河南省一流本科课程建设计划》的通知（2019年12月7日）	河南省教育厅	遵循理念创新，提升教学能力，改革教学方法，实施科学评价，严格课程管理，完善激励政策。立足经济社会发展需求和人才培养目标，优化公共课、专业基础课和专业课比例结构，优化重构教学内容与课程体系，加强课程体系整体设计，强化现代信息技术与教育教学深度融合，完善过程评价制度，让课程优起来、教师强起来、学生忙起来、管理严起来、效果实起来，构建更高水平人才培养体系
河南省教育厅关于印发《河南省大学生创新创业训练计划管理办法》的通知（2020年1月2日）	河南省教育厅	省创计划坚持以学生为中心的教育理念，秉持"兴趣驱动、自主创新、强化过程、注重实践"原则，通过资助本科高校在校大学生参加项目训练和实践，激发大学生的创新思维和科学研究兴趣，充分调动大学生学习的主动性和自主性，培养大学生的创新意识、创业能力和团队协作精神，形成良好的创新文化氛围，全面提高大学生综合素质
河南省教育厅关于开展《河南省本科高校大学生校外实践教育基地建设工作》的通知（2020年4月9日）	河南省教育厅	坚持"五育"并举，支持高校和行业、企事业单位、科研院所等联合，协同建设共用、共享、开放的校外实践教育基地，进一步推动高校转变教育思想观念，改革人才培养模式，加强实践教学环节，提升学生的实践能力、创新精神、综合素质，加快应用型、创新型、复合型人才培养。计划到2025年认定和建设1000个左右大学生校外教育实践基地

四、经费投入的主要政策文本

高校科研经费的投入政策是高校科研工作得以顺利进行的重要保障性政策，它解决的是高校科研经费的来源、分配和管理等方面的问题，从1986年开始就有关于科学研究支撑大学人才培养的经费投入政策文本出现。为了更直观地展现各省市政策文本的政策文件名称、政策发布时间、政策发布机构与政策内容摘要，我们编制了"科学研究支撑大学人才培养"的经费投入主要政策文本一览表，如表3-5所示。

表3-5　"科学研究支撑大学人才培养"的经费投入主要政策文本一览表

政策文件名称（时间）	政策发布机构	政策内容摘要
关于设立高等学校哲学社会科学青年科研基金的通知（1986年10月）	国务院	鼓励高校青年教师，积极从事探索哲学社会科学的重大问题和现实问题的科研项目研究，根据项目类型、规模以及管理工作的实际需要，实行资金资助
国家自然科学基金项目资助经费管理办法（2002年6月，2015年4月废止）	财政部、国家自然科学基金委	根据自然科学项目类型、规模以及管理工作的实际需要，实行成本补偿式和定额补助式两种资助方式，对于重大项目实行成本补偿式资助方式
国家重点基础研究发展计划专项经费管理办法（2006年9月）	财政部、科技部	集中财力，突出重点支持，承接国家973计划重点研究任务的高校和法人机构
国家科技支撑计划专项经费管理办法（2006年10月）	财政部、科技部	根据项目和课题的特点，转型经费采取无偿资助方式，施行分类支持、多元投入的方式
国家社会科学基金项目资助经费管理办法（2007年4月）	财政部、全国社科规划领导小组	全国社会科学规划办公室根据国家哲学社会科学研究中长期规划和国家社科基金情况，提出年度计划的资助项目数和自主总金额，经全国社会科学规划领导小组批准后执行
国务院关于改进加强中央财政科研项目和资金管理的若干意见（2014年3月）	国务院	项目主管部门要合理控制项目和预算评价评审时间。及时批复项目和预算，及时拨付项目资金。完善项目资金预拨制度，保证科研任务顺利实施
国家自然科学基金资助项目资金管理办法（2015年4月）	财政部、自然科学基金委	为资助科学技术人员看展基础研究和科学前沿探索，国家自然科学基金按照相关支持人才和团队建设拨付专项资金

政策文件名称（时间）	政策发布机构	政策内容摘要
关于国家科研计划实施课题制管理规定的通知（2016年10月）	科技部	根据课题规模以及管理工作的需要，确定课题资助方式，按规定及时足额拨付课题经费
国家高技术研究发展计划（863计划）专项经费管理办法（2016年10月）	财政部、科技部	专项经费集中用于支持事关国家长远发展和国家安全的战略性、前沿性和前瞻性高技术研究开发，防止分散使用

五、高校创新引智的主要政策文本

"高等学校学科创新引智计划"（简称"111计划"）从2006年起由教育部、国家外国专家局联合实施。"111计划"旨在推进中国高等学校建设世界一流大学和一流学科的进程，瞄准国际学科发展前沿，围绕国家目标，以国家重点学科为基础，从世界范围排名前100位的著名大学及研究机构的优势学科队伍中，引进、会聚1000余名优秀人才，形成高水平的研究队伍，建设100个左右世界一流的学科创新引智基地。

我国的高校创新引智在高校的建设发展中具有重要意义，特别是在我国创新型人才的培养中处于战略地位，同时又处于服务地位。关于创新引智与高校相关的政策文本，详见"科学研究支撑大学人才培养"的高校创新引智主要政策文本一览表（表3-6）。

表3-6　"科学研究支撑大学人才培养"的高校创新引智主要政策文本一览表

政策文件名称（时间）	政策发布机构	政策内容摘要
高等学校聘请外国文教专家和外籍教师的规定（1991年10月）	国家教委、国家外国专家局	规定了各专业专家、外教的聘用，来华专家、外教的条件，聘请专家、外教的审批原则，专家、外教的管理工作

续表

政策文件名称（时间）	政策发布机构	政策内容摘要
高等学校学科创新引智基地管理办法（2006 年 8 月，2016 年 11 月废止）	教育部、国家外国专家局	规范了高等学校学科创新引智基地建设的组织机构与职能职责，支持范围与条件，申报、评审及立项组织管理与验收评价，建设经费与使用管理
高等学校学科创新引智计划实施与管理办法（2016 年 11 月）	教育部、国家外国专家局	加大力度引进国外优秀人才智力，更好服务创新驱动发展战略，引领和支撑世界一流大学和一流学科建设，进一步规范和加强高等学校学科创新引智基地建设和管理

六、教师队伍建设的主要政策文本

在科教兴国战略部署中，高校建设既要承担培养高级专门人才、知识创新、技术创新的关键任务，也要促进高等教育的发展水平不断得到提高，科研支撑大学创新型人才培养在一定程度上与高校教师队伍的整体素质息息相关。师资队伍的建设是科研支撑高校创新型人才培养的重要组成部分，早在 1980 年，关于科学研究支撑大学人才培养的教师队伍建设政策文本便开始陆续发布。具体的政策文本名称、政策文本发布时间、政策文本发布机构与政策内容摘要可见"科学研究支撑大学人才培养"的教师队伍建设主要政策一览表，如表 3 - 7 所示。

表 3-7 "科学研究支撑大学人才培养"的教师队伍建设主要政策一览表

政策文件名称（时间）	政策发布机构	政策内容摘要
全国重点高等学校接受进修教师工作暂行办法（1980 年 7 月）	教育部	恢复了文化大革命以前高校教师以提高学术能力为目的的进修制度
高等学校接受国内访问学者的试行办法（1986 年 1 月）	国家教委	以参加科研为主，协助指导大学生、参加编写教材和其他教学工作

续表

政策文件名称（时间）	政策发布机构	政策内容摘要
全国高等学校接受进修教师工作及计划安排的通知（1989 年 8 月）	国家教委	试办骨干教师进修班
跨世纪优秀人才计划（1993 年 10 月）	国家教委	帮助年轻优秀人才提高教学能力，积极支持优秀年轻人才参加国内外学术交流活动
高等学校教师培训工作规程（1996 年 4 月）	国家教委	规范了高校教师学术能力建设的方针、原则、组织管理、途径、保障条件等信息
关于新时期加强高等学校教师队伍建设的意见（1999 年 8 月）	教育部	构建高层次创造性人才培养的政策体系
高层次创造性人才计划（2004 年 6 月）	教育部	实施长江学者和创新团队发展计划、新世纪优秀人才支持计划、青年骨干教师培养计划
高等学校青年骨干教师国内访问项目实施办法（2004 年 3 月）	教育部	选派青年骨干教师作为访问学者到国内重点高等学校的优势学科研修的措施
关于新时期加强高等学校教师队伍建设的意见（2017 年 6 月）	教育部	大力推进高校教师工作制度建设；提高教师职业道德水平；加强骨干教师队伍建设；优化教师资源配置；完善教师职务聘任制度；提高教师队伍素质；深化学校内部管理体制改革；改善教师地位和生活工作条件；建立和完善教师工作的系统
关于全面深化教师队伍建设改革的意见（2018 年 1 月）	中共中央、国务院	搭建校级教师发展平台；加强院室教研室等学习共同体建设，建立完善传帮带机制；全面开展高等学校教师教学能力提升培训；结合"一带一路"建设和人文交流机制，有序推动国内外教师双向交流；支持孔子学院教师、援外教师成长发展

我国科学研究支撑"双一流"大学创新型人才培养的内生系统模型的构建

在"双一流"大学建设过程，对高校发展来说存在许多难得的机遇，同时由于处于发展起步阶段，也产生了很多问题。高校在"双一流"建设的过程中，往往忽视自我定位的重要性，未能认清学校所处的发展阶段，未能厘清"双一流"建设核心，人才培养实体单一等实际情况会降低高校发展速度。掌握我国"双一流"大学发展的整体动向，依据相互影响、相互依赖的发展关系，将有利于我国高校和高等教育的整体发展，也有利于探索实用性和实现性兼顾的大学创新型人才培养路径。因此，构建我国科学研究支撑"双一流"大学创新型人才培养的内生系统模型，通过环环相扣的模型组合对我国"双一流"大学建设的培养路径进行探索具有显著的现实意义。

2015 年 11 月，国务院印发《统筹推进世界一流大学和一流学科建设总体方案》；2017 年 1 月，教育部、财政部、国家发展改革委联合印发《统筹推进世界一流大学和一流学科建设实施办法（暂行）》；2018 年 8 月，教育部、财政部、国家发展改革委又制定了《关于高等学校加快"双一流"建设的指导意见》。短短的几年时间里，关于"双一流"大学建设发展的方案、办法、意见紧密出台，足以显示国家对"双一流"大学发展的支持力度与建设决心。各类高校在奋力抓住这次机会，力求以科学研究支撑创新型人才培养而受益的同时，面临的问题也不容小觑，盲目模仿、特色发展方向不明晰、争挖"帽子"人才等问题亟须正视与解决。而解决现有问题，促进我国"双一流"大学建设的关键是应厘清当前双一流高校建设的内生系统，掌握"双一流"大学建设的运转模式，在科学研究作支撑的前提下培养更多高质量创新型人才。在此基础上，大学应推进"双一流"建设走好内涵式发展道路，积极主动融入改革开放、现代化建设和民族复兴伟大进程，传承和弘扬中华优秀传统文化，打造具有中国特色、中国风格、中国气派的一流学科，坚持中国特色世界一流①。

一、"双一流"大学创新型人才培养内生系统的概念与模型建立的必要性

"内生系统"是一个组合概念，由"内生"和"系统"两个概念结合而成。"内生"是指靠自身发展。"系统"是指由相互作用相互依赖的若干组成部分结合而成的，具有特定功能的有机整体，而且这个有机整体又是它从属的更大系统的组成部分②。"内生系统"是指相互作用、相互依赖的若干组成部分依靠自身发展，结合而成具有特定功能的有机整体，同时又是从属于更大系统的组成部分。"双一流"大学创新型人才培养内生系统是指"双一流"大学以科学研究为支撑，"双一流"建设与创新型人才培养相互依赖、相互作用，高校依靠自身多方面发展优势培养不同种类创新型人才的有机整体，同时此整体又是从属于整个教育系统的组成部分。

培养人才是高校的主要职能之一，在"大众创业、万众创新"的

---

① 《全面提高人才培养能力，提升高等教育整体水平——教育部学位管理与研究生教育司负责人就〈关于高等学校加快"双一流"建设的指导意见〉答记者问》，中华人民共和国教育部门户网站，2018 年 8 月 27 日，http://www.moe.gov.cn/jyb_xwfb/s271/201808/t20180824_346059.html。

② 钱学森：《论宏观建筑与微观建筑》，杭州出版社 2001 年版。

时代背景下，培养创新型人才对高校建设提出了更高的要求，创新型人才的培养不会是"填鸭式"的知识灌输，也不能是"放养式"的盲目自我幻想，而应是在高校教师的引导下，学生能够通过高等教育形成科学研究意识、掌握科学研究方法、进行科学研究实践、养成科学研究的专业习惯、通晓科学研究的重要意义。同时，要确保科学研究贯穿整个培养过程并起到支撑作用，普通高校如此，"双一流"大学建设更是如此。"双一流"建设在微观层面上看，可以理解为各高校为了实现"双一流"建设而抓紧改革、崛起的机遇；在中观层面上看，是各级政府对高等教育发展的新一轮政策支持，经济发展与高等教育发展实则互惠共利；在宏观层面上看，高等教育加快"双一流"建设是我国建设世界教育强国的政策引领与实际支持。"双一流"建设要建设具有中国特色的世界一流大学和一流学科，要大幅度提高中国高等教育质量，培养创新型人才，通过高等教育改革促进中国由人口大国向人才强国转变，实现高精尖人才的培养，进而推动我国综合实力进一步提高。由此可见，"双一流"大学建设不是单打独斗，而是创新型人才培养内生系统在综合运转，需要明确系统组成，相互配合以实现我国高等教育发展良性运转。因此，厘清各组成部分之间的关系，建立我国"双一流"大学创新型人才培养内生系统模型很有必要。

二、我国"双一流"大学创新型人才培养内生系统模型的建立

我国"双一流"大学创新型人才培养内生系统，是在"双一流"大学建设的政策引领下，以创新型人才培养为核心，通过高校自身发展而形成的有机整体。该有机整体主要由三个相互依赖、相互作用的循环体组成：第一环首先要明确我国"双一流"大学建设、世界一流大学建设、世界一流学科建设三者之间的关系，探索三者如何组成一个相互影响的循环体；第二环要明确组成第一循环的三种高校建设与创新型人才培养之间的关系，了解高校建设与人才培养如何共同作用组成有机整

体的第二个循环体;第三环要明确创新型人才培养同创新型教师人才培养、创新型学生人才培养之间的关系,由宏观的创新型人才培养与微观的创新型人才培养组成有机整体的第三个循环体。三个循环体相互关联、相互融合,最终以创新型人才培养为核心,在科学研究的支撑下,依靠各所高校自身发展共同组成我国"双一流"大学建设有机整体,即我国"双一流"大学创新型人才培养内生系统。

(一)我国"双一流"大学建设的三种形式共筑有机整体第一环

我国"双一流"大学建设不同于曾经的"985工程"和"211工程"建设,不再是强调单纯的综合性高校的整体评价与建设,而是以学科建设为基础,既注重对世界一流高校的综合性建设,也重视世界一流学科的特色建设,而且这种对入选"双一流"大学建设的综合支持不再是一成不变的,而是有时间作为期限,通过考核进行流动,这为全国各类高校发展提供了光明的发展前景,形成了高校建设的内生动力。虽然在"双一流"大学建设初期,也存在一些问题,但是从本质上来说,高校的发展正逢良机。由此,应该注意的是"双一流"大学建设已经不再是发展中追求大而全的综合类高校的"独舞",更是各类高校以高水平特色学科发展以点带面逐渐完善自身综合发展的"共舞"。

高校发展共舞时代下,已经跻身世界一流高校的学校应该抓住机会继续冲刺,争取发展成为世界顶尖高校;已经接近世界一流高校的学校应该吸取一流高校的发展经验,结合自身特色发展,力求尽快进入世界一流高校行列;距离世界一流高校还有距离,但在某个或某几个学科领域已经达到世界一流的高校要继续建设好这些学科,借助此基础发展交叉学科,以点带面促进高校向世界一流高校进军;距离世界一流高校距离较远,但是拥有接近世界一流学科的某一类或几类在建特色学科的高校,可以进一步集中学校各类资源,促进此类学科向世界一流学科建设方向发展,以达到由世界一流学科建设带动整个学校向世界一流高校方向发展的终极目标;在一段时间内既无可能发展成为世界一流高校,也没有接近世界一流学科的在建的高校，更应结合本地区的经济需求，思考自身的发展特点，逐渐挖掘自身特色，通过综合提升自身的办学能力来为地方发展做出贡献，也为自身发展积累经验，而不应是盲目地以"双一流"建设为目标，降低资源的利用效率。

以上五类情况为当前"双一流"大学建设的细致分类，而总体分类可以概括为"世界一流"高校建设和"世界一流"学科建设，归属于两类建设的高校正在共同促进我国"双一流"大学建设。虽然进行世界一流高校建设的学校往往也在进行世界一流学科建设，但是在分类上却仍需独立，世界一流学科建设是基础，但并非具有世界一流学科建设的高校都可以成为世界一流高校。世界一流学科建设推动世界一流大学建设，世界一流大学建设又同时促进学校自身的一流学科建设，两类高校又正在共同促进我国"双一流"大学建设向前发展。同时，我国"双一流"大学建设的大背景又促进我国的世界一流大学建设和世界一流学科建设分类发展，三者互为表里、相互作用、相互促进，形成我国"双一流"高校创新型人才培养内生系统的第一循环体，如图4-1所示。

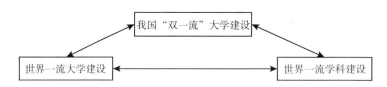

图4-1　我国"双一流"大学创新型人才培养内生系统的第一循环体组图

（二）高校建设与创新型人才培养共筑有机整体第二环

高校建设首要任务就是为国家培养高质量人才。在生产力高度发展的当前时代，国家的发展、地区的发展、世界的发展都在以前所未有的速度不断向前，创新型人才成为崛起的生力军，这就需要高校建设紧抓创新型人才培养。复杂的国际贸易形势再次提醒我们独立创新、自主研发的重要性，我们需要更多像华为公司这样的民族企业，需要更多的创新型人才成为国之栋梁，为祖国的伟大复兴贡献自己的力量。因此，厘清"双一流"大学建设、世界一流大学建设、世界一流学科建设与创新型人才培养之间的相互作用、相互依赖关系，有助于高校找准自身的改革着力点，通过不断改革而促进创新型人才培养走上一流之路。

《统筹推进世界一流大学和一流学科建设总体方案》多次提出要培养一流人才，产出一流成果，加快走向世界一流，并在建设任务中单独提到培养拔尖创新人才："坚持立德树人，突出人才培养的核心地位，着力培养具有历史使命感和社会责任心，富有创新精神和实践能力的各类创新型、应用型、复合型优秀人才。"[1] 既然培养创新型人才是"双一流"大学建设的核心，那么我国的世界一流大学建设、世界一流学科建设，以及两类高校建设共同促进的我国"双一流"大学整体建设均要推进创新型人才培养，而培养创新型人才同时又能推动各类高校建设。创新型人才将进一步促进世界一流高校向世界顶级高校方向发展，进一步促进世界一流学科得以前进，向世界高精尖学科方向发展，并发挥辐射作用促进整个高校向世界一流高校方向发展。在促进两类高校发展的过程中，创新型人才培养已经潜移默化地促进了我国"双一流"大学的整体发展，四者之间分别存在双向的互利共赢作用，从而也共同组成了我国"双一流"高校创新型人才培养内生系统的第二循环体，如图4-2所示。

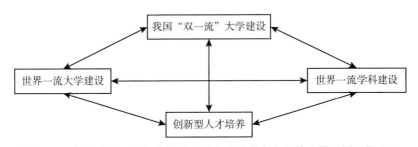

图4-2　我国"双一流"大学创新型人才培养内生系统的第二循环体组图

① 《统筹推进世界一流大学和一流学科建设总体方案》，中华人民共和国中央人民政府网站，2015 年 11 月 05 日，http://www.gov.cn/zhengce/content/2015 - 11/05/content_10269.htm。

（三）宏观、微观创新型人才培养共筑有机整体第三环

从宏观的角度来看，创新型人才培养包括对掌握各领域、各学科专业知识、专业技能且具有创新意识、创新能力、创新行动的人进行深入培养，培养对学校发展和国家建设具有卓越贡献的高水平人才。从微观角度来看，高校建设中创新型人才培养主要可以划分为两个层面，一是创新型教师人才培养，二是创新型学生人才培养。在大众眼中，创新型人才基本上就等同于创新型学生人才培养，这在一定程度上是成立的，学生阶段是人生学习积累的主要阶段，培养创新型人才应主要从学生抓起，而且学校本就是育人之地，担当起培养创新型学生人才的责任，为祖国的繁荣富强贡献力量无可厚非。但是，往往容易被忽略的是创新型学生人才培养需要通过高校教师完成。无论以何种形式，无论属于哪个领域、哪个学科的学生，都需要通过教师引领方能在学海中找准发展方向，进而通过知识的积淀、自身的探索和时间的打磨，完成从无知懵懂的学生向对社会有用的人才方向转化。师者，传道授业解惑也。教师在高校建设中的作用众所皆知，想要培养优秀的学生，首先应该培养优秀的教师。因此，创新型人才培养不只是要培养创新型学生人才，同时包括创新型教师人才培养。

我国"双一流"大学建设以创新型人才培养为核心，创新型人才培养实则又包括创新型教师人才培养和创新型学生人才培养两部分，而当两类创新型人才培养取得成果后，又会推进高校创新型人才培养的整体发展。创新型人才培养、创新型教师人才培养与创新型学生人才培养之间是相互作用、相互依赖的关系。另外需要说明的是，创新型教师人才培养和创新型学生人才培养之间同样存在双向影响关系。正如上文所述，学生的学习与发展离不开教师的指引，我们应该清醒地认识到，一个自身僵化死板、毫无创新意识和创新思维的教师难以培养具有创新精神和创新能力的创新型学生。如果高校建设不能培养出创新型学生人才，那么在日后高校教师队伍更新增补的过程中，走进高校大门拿起教鞭的教师可能是曾经在高校毕业的并无创新精神和创新能力的学生。即

使这些曾经的学生并未加入高校教师队伍，他们走向社会，组建家庭，教育后代是否仍旧缺少活力、远离创新？高校中每一位普通教师正在影响着一批又一批高校毕业生，而这些毕业生又一批批地转换成高校教师及各类岗位中的一员，为人父母开展新一轮的家庭教育，加入我国教育发展贡献者的行列。教师与学生之间从未切断过这种双向互动、互相作用、互相影响的关系。

现实层面上，高校在建设过程中对教师人才的重视程度实则很高，对于创新型教师的肯定也毋庸置疑，但是很多高校对高校创新型教师的定位多锁定在人才引进这个"一劳永逸"的方式。从国外引进人才，从其他高校"争挖"人才，以现有研究成果、所挂头衔作为引进人才的硬标准，以优厚的待遇吸引优秀教师加入高校建设之中，再以随之而来的整体"科研水平"提升程度申请更多的经费促进高校的发展进步。短时间看这是上上之策，消耗时间短，见效速度快，成果显著。但是长远来看，从创新型人才培养的角度看，对全校学生的培养不可能只依赖引进的少数著名学者就能全部完成，高校中更多的普通教师同样承担育人义务。如果高校中多数一线教师看不到自身的提升空间，没有更好的学习发展平台，就容易逐渐降低工作热情，形成怠惰情绪。而且一线教师自身素质提高不上去，必然会潜移默化地影响到学生的培养质量。此种情况也极易造成高校师资队伍的不稳定，自身发展由于外部影响因素而遇到瓶颈时，极易促使教师为自身发展选择更适合自己的平台，被"挖走"。这对高校持久性建设来说实属隐患。因此，重视对高校创新型教师人才培养和对创新型学生人才培养同样重要，此举既有利于学校教师队伍的稳定，又有利于对创新型学生人才的培养。

由此可见，创新型人才培养微观上包括创新型教师人才培养和创新型学生人才培养两部分，两部分人才培养过程又共同促进创新型人才培养的整体发展，同时创新型教师人才培养又能促进创新型学生人才培养，创新型学生人才培养又会在未来以角色转换的形式深远影响创新型教师人才培养。三者相互作用、相互依赖，从而形成创新型人才培养良性循环,也就是我国"双一流"高校创新型人才培养内生系统的第三个循环体,如图4-3所示。

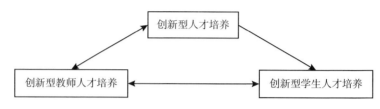

图4-3 我国"双一流"大学创新型人才培养内生系统的第三循环体组图

(四)环环相扣筑成我国"双一流"大学创新型人才培养内生系统

通过以上的层层分析可以发现,我国"双一流"大学创新型人才培养内生系统的第一个循环体与"创新型人才培养"这一重要组成部分共同生成了第二循环体,而"创新型人才培养"与 第三循环体又存在着直接的相互关联,密不可分,"创新型人才培养"成为三个循环体的组建核心。将三个循环体进行整合,环环相扣的我国"双一流"大学创新型人才培养内生系统架构即已成型。我国"双一流"大学建设、世界一流高校建设、世界一流学科建设在相互作用、相互依赖的前提下,又分别与创新型人才培养形成相互影响,创新型人才培养又与创新型教师人才培养和创新型学生人才培养之间具有重要的相互关联,在高校自身努力建设的过程中,三个循环体相互作用,相互依赖,共同形成了以"创新型人才培养"为核心的我国"双一流"大学创新型人才培养内生系统。而内生系统的正常运行需要落到实处,最终就要落在人才培养实体之上,创新型教师人才培养实体可以(但不限于)包括科研型教师、教学型教师、企业型教师的创新型培养,三类教师可以相互独立培养,也可以根据高校发展实际情况而综合培养;创新型学生人才培养实体则应明确划分不同阶段,本科学生、硕士研究生、博士研究生的创新型培养各有侧重,各类学生正处于不同的发展阶段,需要遵循不同发展规律，具有针对性地完成创新型学生人才的培养。培养实体是第三循环体的重要组成部分，因此也从属于我国"双一流"大学创新型人才培养内生系统，如图4-4所示。

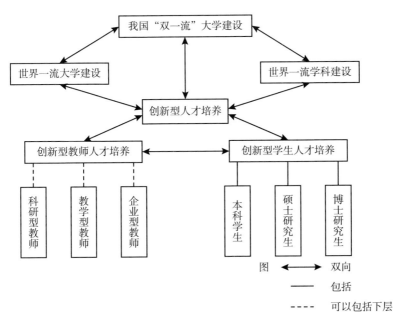

图4-4　我国"双一流"大学创新型人才培养内生系统

三、我国"双一流"大学创新型人才培养内生系统模型建立的现实意义

我国"双一流"大学建设相关文件出台之后，受到了社会各界的广泛关注，相关研究也陆续展开，多数研究的终极目的是探索如何推进我国"双一流"大学建设，进而促进我国高等教育更好、更快地向世界一流发展。我国"双一流"大学创新型人才培养内生系统模型的建立，梳理了我国"双一流"大学建设过程中，建设主体、建设目标和建设客体之间的相互关系，多个组成部分之间既存在相互依存的顺承发展关系，也存在顺逆共生的相互影响关系。组成内生系统的三个循环

体，可以组成一个内生系统来宏观把握我国"双一流"大学创新型人才培养的各方发展状态，也可以在微观角度对每个循环体，或每个循环体中的组成部分与其他循环体中的组成部分共同组成的具有针对性的有机整体进行深入研究，从而得出具有针对性、实用性的建设方案。内生系统模型的建立对于我国"双一流"大学建设在明确高校发展定位以综合提升各类高校建设水平、围绕"双一流"大学建设核心制订实施方案、依据师生不同需求形成创新型人才培养多重路径、合理利用环环相扣的关系促进内生系统完成良性循环等四个方面具有显著的现实意义。

（一）明确高校发展定位，综合提升各类高校建设水平

不同高校所处的地理位置、所经历的历史沿革、所接受的政策扶持、所依赖的资金来源与所贡献的科研成果和人才特色各不相同，因此所选择的发展路径很难一刀切地提供"模板式"的指导，简单的模仿并不能促进各类高校提升自身建设水平。虽然我国"双一流"大学建设是全国各类高校共同的发展目标，但是各高校需要认真地审视自身的"综合素质"与"特色所在"，实事求是地为自身发展进行定位，从而真正地提高高校建设水平与发展质量。内生系统的第一循环体即是高校不同发展定位的实际体现。"双一流"大学建设名单已经公布，名单中的高校是否已经认清了自己的定位，进行世界一流高校建设的学校是否能够以世界一流学科建设为基础而整体推进学校向世界顶尖高校方向发展，世界一流学科建设高校所选择的一流建设学科是否符合学校各项发展的推进规律、是否真正是学校最有特色、最接近世界一流学科建设标准的学科，仍存在一定的不确定性。消除这些不确定性需要高校深入明确自身的发展定位来逐一实现。由内生系统第一循环体的组成不难看出，世界一流高校建设和世界一流学科建设都是为了促进我国"双一流"大学建设，同时也享受着因此而带来的各项利好，但如果不能明确自身的发展定位，均单纯地以建设世界一流高校为终极奋斗目标，忽略学科建设的基础作用，将很难高效率地提升不同类别高校建设的整体水

平。另外，尚未列入"双一流"大学建设名单的学校，更应结合内生系统的组成认真反思自身的发展水平与发展特色，有的放矢地向离自己最近的一流目标迈进，改变"大而全但不精"的发展格局，根植于自身的发展土壤，以特色学科建设为基础、以点带面逐渐推动自身提高建设水平，向"双一流"建设方向迈进。明确高校发展定位是高校建设的前提，内生系统模型的建立为促进高校明确自身发展定位提供了一定的引导与便利。

（二）围绕我国"双一流"大学建设核心制订实施方案

我国"双一流"大学创新型人才培养的内生系统模型建立后，我们可以清晰地发现我国"双一流"大学建设是以"培养创新型人才"为核心的，那么在"双一流"大学建设过程中，以如何培养创新型人才为核心来制定高校建设实施方案就尤为重要。"创新"虽然只有两个字，但是挖掘人的创新能力、培养创新型人才却并不容易。由内生系统模型可以看出，创新型人才培养在高校建设过程中主要包括教师创新型人才培养和学生创新型人才培养两个部分，学校可以根据不同群体的不同特点，有针对性地制订多套实施方案。高校应在明确自身发展定位的基础上，坚持以科学研究作为支撑，制订科学的创新型人才培养实施方案，并在方案实施过程中进行阶段性考评与总结展望，及时发现实施方案中存在的问题，并结合影响高校发展的各项因素，得出改进结论，不断完善实施方案，从而培养出更多优秀的创新型人才，通过创新型人才的培养来整体推进高校的发展步伐。如果全国各类高校均能以培养创新型人才为核心制订适合本校发展的系统性实施方案，并经过实际实施而不断反思、改进，最后形成本校可沿用的特色人才培养方案，将会整体推进我国"双一流"大学向前发展，也可以为已经进入我国"双一流"大学建设名单和尚未进入名单的高校提供不同的发展借鉴案例。高校努力探索出的案例与经验往往比单纯的理论指导更有价值和可操作性，建立高校建设人才培养实施方案值得期待。

（三）依据师生不同需求，找到创新型人才培养路径

高校在明确自身发展定位之后，均需以培养创新型人才为己任，推动我国"双一流"大学建设。培养创新型人才需要落实在实体上，在我国"双一流"大学创新型人才培养的内生系统模型中可以发现，创新型人才培养主要为培养教师和学生，而不同类别的教师和不同类别的学生在创新型人才培养过程中需要差别对待。

首先，对于创新型教师人才培养来说，科研型教师要以科研创新为主要突破点，学校应为教师的科研工作提供更为完善的学习与实验平台，鼓励教师不断更新知识，拓宽视野，以期产出更多创新型成果；教学型教师应以教学为主要工作，知识储备是基础，同时思维模式、表达水平、授课方法等方面的能力也要有所提高，他们与学生的直接沟通相对较多，多进行言传身教，探索有效路径，将此类教师培养成创新型人才，可以起到榜样作用，潜移默化地培养更多创新型学生；企业型教师是"双一流"大学需要重视的一个群体，引进企业型教师，培养他们将企业最新的需求与收获向学生适度分享，并通过科学研究带领学生共同思考、解决实际问题，可以更为直接地培养创新型、实用型人才。以上三类创新型教师人才培养并非完全独立，可以在探索创新型教师人才培养路径时适度交叉。因为，高校是人才的聚集地，高校教师除了培养学生，同样肩负做好科学研究的历史使命，当然这并不是提倡完全割裂科研和教学之间的关系，而是要根据教师的个人喜好、个人能力、个人精力来有所侧重地进行培养，充分发挥不同类型教师的优势，从而促进创新型人才培养的整体发展。

其次，创新型学生人才培养，对本科学生、硕士研究生和博士研究生需要明确地选择不同的培养路径，因为不同阶段的学生有着不同的培养目标，不可同日而语。本科学生正处于专业知识积累的基础时期，此期间学生需要以专业基础知识学习为主，在熟悉本专业核心知识的基础上，拓宽自己的视野，同时掌握科学的学习方法，培养问题意识、科研意识、创新意识，在教师的指导下不断提升自己的学习能力和实践能

力，在知识积累和不断追问、思考、解决问题的过程中提升自己的综合能力。硕士研究生已经经历过本科的知识积累，正是增进创新意识、培养创新精神、提高创新能力的关键时期，不同学科侧重各有不同，但无论是思辨探索、实证研究、实验研究还是其他形式的研究，硕士阶段对于培养学生独立思考的能力以及训练学生如何在本专业中进行创新研究与专业表达都很重要，在此阶段需要导师多加引导，在科研实践中培养创新型学生人才。博士研究生已经具有较为丰富的知识储备，同时具备硕士研究生阶段积累的科研能力，博士学习阶段主要是高精尖创新型人才的培养阶段，此阶段的学生更需要对本专业进行深入研究，而且要选择某一领域进行独创性系统研究，这个阶段更加困难。在博士培养阶段，如何引导学生真正找到自己的兴趣点，并将其作为一生的研究对象，进行持久而精深的探索更为重要。持之以恒的积累和思考更容易产出高水平的创新成果，对博士研究生的培养需要在引导、鼓励学生突破科研瓶颈的基础上探索培养路径，培养高水平创新型人才。

通过以上分析可以看出，内生系统中创新型人才培养的实体分为多种，同时也具有不同的需求，根据不同的需求来探索相应的培养路径可以恰到好处地提升培养效果，培养不同类型的创新型人才，进而作用于我国"双一流"大学建设，促进内生系统良性发展，提高我国高等教育的国际竞争力，形成具有中国特色的高级人才储备库。

（四）合理利用环环相扣的关系促进内生系统完成良性循环发展

我国"双一流"大学创新型人才培养内生系统由三个循环体环环相扣组合而成，三个循环体及各个循环体组成部分之间均存在着相互依赖、相互作用的关系。高校建设过程中，如能做到目标明确、策略得法，将有利于整个内生系统朝向良性循环发展。如若在高校建设过程中，缺乏依据、随意组合将不同程度地促使内生系统向恶性循环方向发展，不利于我国高等教育的整体发展。具体来看，内生系统的组成实体是我国众多的高等学校，不同的学校定位不同，认清自身在"双一流"

大学建设背景下所处的建设阶段，选好合适的发展目标，并据此选择相应的方式培养创新型人才，以培养创新型教师人才和创新型学生人才为建设基础，进而促使学校脚踏实地的接近自己的发展目标，选择属于自己的特色发展路径，方可形成良性循环。

综上所述，"内生系统"模型的建立有助于学校厘清发展方向，找准办学特色，并将高校建设落实到创新型人才培养的实体，有助于高校远离盲目模仿之风，在充分认识自己的基础上开辟属于自己的发展舞台，在科学研究的支撑之下形成高校自身发展的良性循环。不仅高校个体发展如此，我国高校整体发展建设亦是如此，每一个高校个体如果都能找到自身的发展方向，整体的高校建设质量自然会随之提升。组成内生系统的各个循环体和组成循环体的部分明确之后，具体的实施办法、发展路径自然更容易逐一形成，研究也会更有针对性，对得出具有指导作用、实用性强的研究成果也将起到一定的推动作用，有利于在科学研究和实践两个层面上推动我国"双一流"大学建设。

科学研究支撑"双一流"大学创新型人才培养的应然导向

上一章讲到，科学研究支撑"双一流"大学创新型人才培养的"内生系统"主要包括三个循环体，分别是以"双一流"大学建设为核心的高校层面的循环体，以培养创新人才为核心的高校与创新人才之间相互作用层面的循环体，以培养创新人才为核心的创新型教师人才和创新型学生人才培养层面的循环体。综合以上三个循环体的组成部分可以发现，培养创新型人才是整个"内生系统"的核心，也是"内生系统"能否得到良性循环的关键。而培养创新型教师人才和培养创新型学生人才是实现培养创新型人才最直接的表现。培养的创新人才数量和质量的整体提高，会直接影响到高校的学科建设和整个高校的建设，也是科学研究支撑"双一流"大学创新型人才培养的目标导向。因此，在"内生系统"模型梳理出我国"双一流"大学发展中各组成部分之间的内在关系的基础上，进一步研究科学研究支撑"双一流"大学创新型人才培养的应然导向，需要总体把握高校在一流学科建设和一流大学建设方面的整体导向，重点研究高校培养创新人才的应然导向，细化研究高校培养创新型教师人才和创新型学生人才的应然导向。

一、高校层面发展的应然导向

科学支撑"双一流"大学创新型人才培养，在宏观背景下主要是我国"双一流"大学建设的利好政策指引，为高校发展提供了向更高层次发展转型的机会与舞台。在综合国力得到大幅提升的今天，高等教育质量的提升是为国家发展培养更多创新型人才的基础，而创新型人才的培养离不开学校的整体建设。因此，在"双一流"大学建设的热潮中，各高校需要结合国家政策与不同大学自身特点，厘清高校层面大学建设的应然导向，从而为探寻创新人才培养具体路径奠定基础。

（一）我国"双一流"大学建设的总体应然导向

我国"双一流"大学建设是要建设世界一流大学和世界一流学科。一流大学建设需要在一流学科建设的基础上进行整体的、重点的建设，进而全面提升人才培养水平和创新能力。要建设世界一流大学和一流学科，首先要清楚了解目前确立的"双一流"大学建设高校与世界一流高校的或世界顶尖高校间的区别与差距，各所高校据此确定自身的发展目标。无论是世界一流大学建设还是世界一流学科建设，不应只是泛泛而谈建设"一流"，而应深刻认识到高校自身目前所处的境况，进而有针对性地进行改革，推进学校的进一步发展。"双一流"大学建设不是要完全按照世界一流大学和世界一流学科的标准割裂不同高校的建设方向，而应是促进全国所有高校共同发展进步。

目前已经处于世界一流大学建设行列中的高校，要明确自身的发展优势和发展劣势分别是什么，在不同标准的世界排名中所处的位置是什么，高校整体发展过程中排名靠前的学科是什么，发展较为滞后的学科是什么。虽然综合排名不是判断学校发展水平的唯一依据，但是能够被世界认可的排名在一定程度上可以反映高校在同行业中的被认可程度。只有明确了高校自身发展所处的位置，了解高校在发展过程中与其他世界一流高校或顶尖高校间存在的差距，才有找到高校建设路径改革的可能。建设世界一流大学的学校，既要把握高校的发展进程与发展特点，又要细致把握学校内世界一流学科的发展，找到自己的发展特色，进而使高校可以实现"双一流"齐头并进的发展模式。

目前只有某一个或几个学科可以作为世界一流学科建设的高校，在推进国家"双一流"大学建设的进程中，应该准确把握高校中被列为世界一流学科建设的学科特点，结合学校实际稳步推进此类学科向更加精尖的方向发展。作为世界一流学科建设高校，被确定为世界一流学科的学科在此类高校中往往具有较为成熟的发展体系，高校需要在重点发展一流学科的基础之上，逐渐挖掘与一流学科相关或可以交叉发展的学科，进而通过世界一流学科建设来带动相关学科的发展与进步。这些高校应争取达到以一流学科发展辐射多学科共同改革发展的成效，进而在逐渐积累与发展过程中，增强学校的综合实力，最终也达到世界一流高校的发展水平，从世界一流学科建设高校，走向世界一流大学建设行列，真正实现"双一流"大学建设。

（二）世界一流大学建设的应然导向

首先，具体来说，世界一流大学建设是一种"拔尖"建设，是在高校建设中起到引领作用的典型。我国首批"双一流"建设高校中，建设世界一流大学高校共有 42 所，其中 A 类 36 所、B 类 6 所。在我国众多高校当中选出 42 所高校作为世界一流大学建设，足以见得这些学校的综合实力本就在国内处于第一梯队。在建设此类高校的过程中，首先需要各高校做到既不能机械冒进，也不能保守迟滞。42 所高校虽然都在建设世界一流高校的队伍之中，但是在综合实力上及学校发展速度与发展方向上都具有不同的特点，在政策引领的大前提下，各高校必须形成一套本校发展的系统规划。高校要结合建设世界一流高校的大目标，确定学校本身发展的长期目标、中期目标和短期目标，结合高校自身的经济资源、文化资源、人才资源、历史资源等，对学校资源进行一轮新的整合，形成目标鲜明，可实施性强的学校自身发展规划，推动学校高效向前发展。

其次，高效建设世界一流大学，需要在整体上审视自身发展的优缺点，进而继承优良传统，解决存在的问题，从而提高学校整体运行的效率，充分发挥高校的育人、育才、科研、智库等多项作用。每一所高校都是由学生、教师、行政管理人员、后勤人员等众多个体集合而成的。高校能否充分发挥自身作用，除了教师和学生的教学、科研、学习外，也需要实用、完整、简明、高效的学校制度对高校学习、科研生活进行规范，需要后勤管理人员形成高效率的管理保障机制，以保证高校中各项事务都能得到高效率的运转，减少对高校核心职能执行的负面影响，进而促进师生的学习、科研时间得到保障，效率得到提高。

最后，世界一流大学建设需要重视文化建设。成为世界一流大学，除了要有过硬的育人、育才、科研能力，有成体系且处于世界领先地位的学科建设水平，有充足的教育资金支持，有高水平的教师队伍，还要有能被世界认可的学校文化。学校文化的建设对于世界一流大学建设来说应更加被重视，经济保障和师资保障都可以通过政策引领、多方支持而得到解决。但是，学校文化建设绝非一朝一夕迅速形成，一个学校的文化会直接影响在这个校园中学习、生活的每一个人，影响每一个个体的做事风格、思考方式，甚至是"三观"的形成。一个学校的文化建设会影响师生的自信心、自豪感、归属感、爱与被爱的感受、创新动力、明辨性思维与问题意识等多个方面。学校的文化建设不能一蹴而就，却又是最容易被忽视的学校"灵魂"。无论高校哪一个职能的实现，最终都是要通过人来完成，而人的发展绝不会像机器一样，人在知识的沃土上耕耘的时候，也需要被文化的雨露进行滋润与培养。一所世界一流大学培养出来的创新人才，一定是既有过硬的专业素养，又有由内而外的高尚气质的人。因此，注重学校文化建设，与坚持中国特色社会主义办学方向，与育人为本，德育为先，着力培养一大批德智体美全面发展的社会主义建设者和接班人都是相互融合的，对建设具有中国特色的世界一流大学具有润物细无声的作用。

（三）世界一流学科高校建设的应然导向

世界一流学科高校建设的名单包含部分世界一流大学建设高校，这些高校拥有较多的学科可以作为世界一流学科来建设，学校综合实力较高，也是实际意义上的"双一流"建设高校。但是，除了"双一流"建设高校外，还有一部分高校是单纯的世界一流学科建设高校。这些世界一流学科建设高校的综合实力尚未达到世界一流大学建设的水平，但是学校中的某一个或几个学科在学科建设发展中处于第一梯队，具有自身特色和较高水平，因此可以作为世界一流学科建设。世界一流大学建设高校可以在遵循一流大学发展的应然导向的基础上，同时兼顾世界一流学科高校建设的应然导向，单纯的世界一流学科建设高校的建设应然导向具体为以下三个方面。

首先，世界一流学科高校建设的应然导向要遵循的原则需要根据学科所属类别而有所区别。

自然科学类的世界一流学科建设，应该与世界充分接轨，根据自然科学的特点，吸取国内外此类学科建设的有利发展经验，与此类学科建设保持一致。自然学科建设在国际上有着共同的话语体系，对于科学研究而言更新速度较快，遵循规则较为一致，需要在学科建设的过程中密切关注此类学科世界顶级研究的发展动态及最新成果。自然科学类的世界一流学科建设高校需要结合学校自身的实际情况，充分调动各类资源，促进学科建设跟上世界的脚步，激发师生的创新精神，争取在学科建设的同时，将学科建设领域内的科学研究推进到世界科研领域的最前沿。

社会科学类的世界一流学科建设与自然科学类世界一流学科建设不同，由于政治、经济、历史、文化、环境、人口等多种因素的影响，世界各地社会科学类的学科建设既存在共性，也存在一定的差异性。在原有的世界社会科学类学科建设中，有些国家的此类科学研究在话语体系上占有绝对优势，这对于具有较大差异性的国家建设世界一流的此类学科就产生了一些困难。对于此种情况，我国社会科学类世界一流学科建设需要分类应对。话语体系一致的学科建设,可以根据世界统一的标准进行学科建设的发展,力求推进此类学科向世界一流的方向前进。但是,我国独有的社会科学类世界一流学科建设,更需要找到学科发展的独特性亮点,体系化地完善此类学科建设。建设社会科学类世界一流学科存在难度与挑战,但也具有形成我国特色的学科话语体系的机会与可能。

其次,世界一流学科建设高校要遵循每一个学科的特有规律,充分发挥学科建设的独特性特点。每一个学科都有着自身的独特性,在学科建设过程中可以研制根据各学科共性而形成的管理评价规定,但是也要研制根据学科自身特色而形成的特有管理评价标准。在建设世界一流学科的过程中,一定要排除"一刀切"的管理评价方式,即使是同一学科,下设的子学科及侧重点也各不相同,而且不同高校对同一学科的建设重点也不尽相同。正是这些不同,才有利于形成百花齐放、百家争鸣的具有活力的学科建设,才有可能形成世界一流的学科。在世界一流学科高校建设过程中,要尊重不同学科、不同学校进行学科建设的差异性,不要在刻板的规范当中扼杀了学科发展走向世界一流的可能。

最后,学科建设需要改变原有单一学科发展的定式,跟上时代的脚步,向交叉学科及多学科协同发展迈步。第三次科技革命之后,科技发展速度得到很大提升。随着物联网、大数据、人工智能的不断发展,交叉学科发展及多学科协同发展成为当前学科建设新的发展趋势。世界一流学科建设高校需要顺应新的发展趋势,在原有的较为成熟的学科建设基础上,寻找发展交叉学科或多学科协同发展的机会。这样,一方面可以充分利用学科建设资源,增加原有学科的发展活力;另一方面,也可以促进学科发展过程中的创新发展,无论是发展交叉学科,还是多学科协同发展,多学科间的碰撞都有可能为原有传统学科带来新的火花,有利于学科创新发展;再一方面,世界一流学科建设高校在建设一流学科的过程中,如果能逐渐过渡到多学科协同发展,学校的综合实力也会大大增强,有利于学校向世界一流大学方向发展,进而真正实现"双一流"大学建设。

二、创新人才培养层面的应然导向

在科学研究支撑"双一流"大学创新型人才培养的内生系统模型中，创新人才培养处于核心地位，既是"双一流"大学建设的目的之一，也是促进"双一流"大学总体发展和分类发展的支撑。科学研究和大学建设最终都是需要人才来建设的，也是为了培养更多创新型人才的。因此，在"双一流"大学建设和创新型人才培养之间存在相互影响、相互促进的循环作用基础上，创新型人才培养的应然导向既要在宏观上支撑"双一流"大学的整体建设，又要在微观上对具体的创新型人才培养进行划分，需要在宏观和微观两个层面共同促进我国"双一流"大学建设。

宏观来看，创新型人才的培养需要科学研究作为支撑，为国家培养更多创新型人才就需要国家和高校共同提供宽松的科学研究政策，为科学研究工作者及高校学生提供良好的学术研究环境。这种学术研究环境不是单指学校的自然环境和办公、学习环境，而是指在满足以上几点的基础上，还要为科学研究工作者和高校学生提供良好的学术环境，学术自由的基础上才能激发更多新想法。当然，学术自由不是指毫无章法，可以天马行空、恣意妄想，而是在科学研究的基础上，对新想法的提出给予更多的鼓励与支持。每一个科学研究成果的诞生，都需要不断的打磨和雕琢，都需要经过建立、推翻、再建立、再修改一系列的进程。因此，无论是国家层面对高校科研的支持，还是学校层面对师生的考核，都应为科学研究提供相对宽松的科研环境，根据不同的研究需求，给予相对宽容和灵活的考核方式。将科学研究引领到敢于提出问题、敢于探索、敢于面对研究中与预期情况不一致的结果，也要敢于找到问题进一步完善和探索的真研究中来，减少为了研究成果而"提供"研究过程的"形式主义"研究。

微观来看，培养创新型人才是培养创新型教师人才和培养创新型学生人才。教师是培养学生的直接执行者，通过了解教师在科学研究中的真实诉求来寻找解决问题的办法，切实解决教师在工作过程中学习、提升自己时所遇到的问题，进而增强教师学习、提升自己的积极性，培养更多创新型教师人才。培养创新型学生人才，是高校发展的根本任务，在教师的引导与教育之下挖掘学生在不同阶段的特点，因材施教地培养创新型学生人才。正是因为创新人型才可以源源不断地培养出来，高校的综合实力才能逐渐得到积累，高校向"双一流"大学建设的目标也会逐渐实现。

三、创新型教师人才培养和学生人才培养的应然导向

创新型人才培养是"双一流"大学发展的重要一环，高校既要培养创新型教师人才，也要培养创新型学生人才，促进师生共同向创新型人才方向发展，发挥各自在"双一流"大学建设中不可替代的作用。创新型教师人才的培养，既能为培养创新型学生人才提供点拨与指引，也能为科学研究贡献自己的力量。创新型学生人才培养，是为国家各行各业培养优质人才的最直接方式，高校培养出的创新型学生人才可以在各行各业发挥创新引领作用，越来越多的创新型学生人才毕业后走向工作岗位，实际上就是在为各行各业的创新性发展积蓄力量。创新型教师人才培养和创新型学生人才培养实为高校培养创新型人才的细分，教师、学生、创新型人才三者角色实际可以相互转换，本质上都是为提升科学研究支撑"双一流"大学创新型人才培养的效率。两类人才的培养各具特点，两类人才培养的应然导向也各有不同。

(一) 创新型教师人才培养的应然导向

培养创新型教师人才，首先需要了解教师在个人发展和职业发展过程中主要受哪些因素影响，是否可以将不利的影响因素转化为有利的影响因素。其次，需要保障教师因材施教与科学研究的客观条件支持，减少对教师在育人、育才、科学研究过程中遇到的不必要的束缚。最后，要创新发展教师考评体系，使之既有约束、激励作用，又在保证公平的

基础上为不同发展方向的教师提供被认可的机会。"双一流"大学建设高校的师资队伍综合水平较高，但是所处的地区、所遵循的具体教师管理规定及评价体系也不完全相同，如何寻找到培养创新型教师人才的"共通"路径，需要综合分析，也要求同存异，在"共通"的应然导向下寻找各自的具体发展路径。

1. 重视教师个人发展的各项影响因素

培养创新型教师人才，第一是保障教师的基本生活诉求。教师是人类灵魂的工程师，每一位教师是一位教育工作者，也是一个家庭的成员，也是一个普通的人。培养任何类型的教师人才都要首先关注教师最基本的生活需求是否得到保障。虽然教师教书育人、科学研究的行为都很高尚，他们也都是具有良好师德、肯坐冷板凳的人，但是，如果教师衣食住用行、子女入学教育等问题都无法得到保障，那么教师心无旁骛做好本职工作，进而向创新型人才转型也是难以实现的。科学研究是一件持久性工作，需要教师投入大量的时间、精力。同时很多教师还要做好备课、授课及指导学生等工作，高校教师所承受的压力普遍偏大。虽然说有压力才有动力，但是在教师承受着工作的压力的同时，学校需要进一步完善教师生活上的保障工作，要多一些人文关怀，组织一些增进团结、释放压力的活动，适当为教师缓解一些压力，进而可以投入更多的时间和精力在科学研究与育人、育才工作上。

第二，培养创新型教师人才，需要为教师提供学习和自我提升的机会与平台。建设"双一流"高校，需要培养具有国际视野，对最先进的办学理念与专业知识和行业信息良好掌握的人才。高校教师的自身发展需要不断"充电"，以应对学科发展更新的速度，也需要走出校门，走出国门，了解学校外同领域、不同学校、不同地区、不同国家的教育工作者或科研工作者正在做怎样的工作，有哪些突出的新成果与新看法，并在学习最新知识的基础上进行深入思考和自我反思，进而得出新的想法，有利于创新思维的形成，创新成果的产出。另外，教师在交流的过程中，除了可以碰撞出新的想法，也有利于交流新研究与新看法，在讨论中使自己的研究得以不断完善和推进。因此，为教师提供参会、访学等机会与平台，更有利于教师提升自身的创新能力，也更利于教师提高对所在高校的认同感与归属感，进而有利于教师队伍的稳定与教师整体水平的提高，同时这种影响也会渗入教师对学生的日常教育培养当中，有利于高校在科学研究支撑下的创新型人才的培养。

第三，培养创新型教师人才，在学校层面和教师层面均要对教师的发展有一个明确的定位。根据教师的专业素养、研究方向、授课方式、学习经历等多种因素的综合考量，学校与教师需要双向选择，为教师选择最适合自己的工作岗位。无论是授课，还是科学研究，都需要在教师明确自己的发展定位后才能顺畅地向前推进。只有将最适合的教师安排在最适合的岗位上，他才能在岗位上充分发光发热，才能在做好本职工作的基础上进行多维度的思考，才能在此基础上发挥自身的主观能动性进行创造，进而向创新型教师人才转变，做好自己的科研与教学工作。

2. 保障教师因材施教与科学研究的客观条件支持

培养创新型教师人才，最主要的两个积极影响就是对培养创新型学生人才和对科学研究做出突出贡献。创新型教师人才的培养需要在教育学生和科学研究两件主要工作中不断得到打磨而逐渐形成。

高校教师在教书育人过程中，在提升自身创新意识和创新能力的基础上，还需要挖掘学生的潜在能力，引导学生形成创新意识，提高创新能力，学会在学习中融入创新思维，在专业学习的基础上向创新型学生人才转变。高校教师需要根据所授课程，在指导学生做科研的过程中发现学生的特点与长处，进而进行引导，教师需要带着爱与期待展开教育，在欣赏学生和挖掘学生优势发展方向的基础上开展因材施教，根据学生的自身特点，为他们提出学习建议与专业指导。在此过程中，教师需要付出更多的时间、精力与耐心，同时也需要拥有自己特色的课堂与指导方式。教育是无法完全量化的，需要的更多是教师发自内心的爱与综合思考过后的培养方法。学生不是千篇一律的，他们各有自己的特点，各有自己的长处，需要有人去发现和引导、鼓励。教师在完成这项意义重大的教育工作过程中，往往需要先创新自己的教育方式，而新的教育方式的诞生需要学校为教师提供宽松的教育环境，而不能是用统一的标准困住教师的创造性引领。

高校创新型教师人才培养另一个重要组成部分，就是高校教师的科学研究创新培养。科学研究本就是一种创新性研究，教师在做科研的过程中每天都在进行创新思维的训练，进行对未知的不断探索。科学研究需要大量的时间和精力投入，需要教师在发现问题、解决问题的循环论证或实验研究中不断地追寻真理，有些学科的有些研究也许会花费科学研究者毕生的精力。而这个艰苦的探索过程，实际上就是最好的创新培养，教师需要在这个环境和氛围中不断打磨自己的研究与成果，在这个过程中教师的创新精神与创新能力也会潜移默化影响到周围的学生，从而培养出创新型人才。高校和国家对教师的科学研究工作需要给予更多的包容与理解，尽量减少对教师科研工作的行政干扰，减少"一刀切"的管理模式，以保障教师不会为了刻意满足年度"硬性"指标而出现求快、求量、持续性研究少等现象。要鼓励教师做深入性创新研究，可以有对阶段性成果的抽检要求，也要给教师提供学术自由的氛围，才能有利于持续性的创新性研究。

3. 创新发展教师考评体系

创新型教师人才培养需要创新发展教师考评体系。教师考评体系是教师职业生涯规划、职业激励的主要依据。原有的高校教师考评体系能够对教师进行客观、公平的考核，也能为教师的发展从考评过程中提供建议和指导。但是，传统的教师考评体系多为统一标准的整体评价，培养创新型教师人才则可以对教师考评体系进行创新性完善，增加具有个性考核的评分项，从而对具有不同特点的教师预留出可以结合其自身优势发展的能动性考核指标。

教师考评体系的建设可以增加分类测评的指标及环节。高校教师的工作都要包括授课和科研两大类，多数人还要兼顾指导学生的工作，对这几方面都统一进行打分或进行综合考评具有公平性，但是在创新型教师人才培养和培养创新型学生人才的整体规划中存在一定的资源浪费。因为，"双一流"大学建设高校中的教师多是具备本领域较多研究积累的优秀教师。但是，优秀教师不代表是全能教师，每一个教师都会有自己擅长和不擅长的地方，能够在各个方面均达到一定高度的人毕竟是少数。无论是科研还是课程设计，都需要大量时间的投入，也需要个人的热爱与能力的匹配。高校中，往往一些教师更偏向于某一个方面更突出和优秀，如果综合来评定，为了达到评定标准，此类教师就需要减少自己擅长领域的时间和精力投入，进而去弥补另一方面。虽然这样互相填补式的调整可以促使略不擅长的工作效果得到改善，但是往往也放弃了将擅长的工作做得更好的机会。这样算来，似乎并没有将教师的自身资源整合到产出最大化的水平。如果一位老师科研能力特别强，而授课能力相对较弱，他减少授课安排，增加科研工作量，他可以做出更多优秀的科研成果。反之，如果一位老师科研能力比较弱，但是授课水平特别高，那么增加他的授课量，以减少一定的科研要求，他可以为更多学生带来精彩的课程，并通过经验来不断地创新备课方案，改善授课方式方法，让更多学生受益，也会让教师对授课工作产生更多的兴趣，愿意想办法更好地引领学生形成创新意识，提升创新能力，对教师的激励作用也会得到提升。因此，在教师考评体系中增加此类差异性评价指标，如根据科研、授课、实践教育划分出科研型教师、教学型教师和企业型教师，分别对不同类别教师增加单独考评指标，可以更好地整合师资资源，对创新型教师人才培养来说，也具有更强的激励作用。

（二）创新型学生人才培养的应然导向

"双一流"大学建设为培养创新型学生人才提供了良好的机会。无论是世界一流大学建设，还是世界一流学科建设，"双一流"大学建设高校都会以世界级"高""精""尖"的标准严格要求学校的发展规划，为培养创新型学生人才提供良好的机遇。培养创新型学生人才，需要明确培养创新型学生人才的应然导向：首先是激发学生的学习研究兴趣，有兴趣才有学习动力，才有思考和创新的可能；其次完善理论与实践相结合的教育模式，实践是检验真理的唯一标准，理论学习永远不能脱离实践的检验；最后根据学生所处学习阶段培养不同层次的创新型人才，据此也能为不同领域、不同行业培养所需的实用性创新型人才。

1. 激发学生学习研究兴趣

兴趣是最好的老师,学习和科研中也是如此。培养创新型学生人才,首先就要培养学生的学习兴趣和研究兴趣。经过多年的"高压"学习过后,高中生顺利完成角色转变,从高中阶段的佼佼者成为重点大学中的大学生。"双一流"大学建设高校中的大学生不再有升学的压力,不再有家长和老师的时刻提醒,学生在角色的转变过程中很容易出现不适应或过于放松的状态。刚入学时的迷茫期实际是最好的激发学生学习研究兴趣的时期。进入大学后,学生所学的知识不断广化,也变得更加深化,大学如果不能让学生对所学专业产生浓厚的兴趣、进行深入的了解,很容易使学生出现厌倦情绪。不了解、没兴趣容易打击学生的学习热情与学习动力,对于形成创新意识和提高创新能力都有负面影响。因此,第一时间引导学生了解所学专业的概况与意义,感受学习专业知识的重要性和趣味性,发现学习中存在的挑战性和自身潜能的可开发性,更有利于学生形成学习兴趣,进而自愿地学习、钻研所学知识。在夯实知识储备的基础上,进一步启发学生进行创新性思考与研究,能够为培养创新型学生人才埋下兴趣的种子,在高校教师的引导、同学间的讨论中不断促使兴趣的种子发芽,在创新思维的形成和创新思想的不断积累下,最终收获创新与学习的成果,成长为创新型人才。

2. 完善理论与实践相结合的教育模式

培养创新型学生人才,不能脱离实践的检验,也不能忽视理论学习的重要性。课堂学习往往局限于书本的学习、理论的学习与讨论,这是一种知识储备快速增加的实用方式,但却不能成为唯一方式。因为,理论与实践之间总是存在一定的距离或误差,理论指导是必要的,但是实践总是会遇到这样或那样的问题。学生在学习过程中,没有实践的验证,容易形成定式思维,认为理论就是绝对的真理,已经有的研究成果就是绝对的正确。这样不利于学生养成追问与质疑的习惯,也容易降低学生的创新能力。在理论学习的基础上,适当增加相关的实践安排,学生可以通过自身实践来判断理论知识是否存在漏洞,理论提出者是如何总结出现有理论的，现有理论哪些还存在改进的可能，哪些实践结果和理论知识存在一定的间隙。发现不同，才会有追问和质疑的可能；开始追问，才会更乐于思考；进行思考，才有可能碰撞出新的灵感，创造出新的想法。明辨性思维的培养是一个过程，创新能力的锻炼是一个积累和发展的过程，理论和实践的结合会为学生带来学习和思考的新动力，也会在发现新问题后为新问题的解决提供创造性的解决办法。在学生培养过程中，除了实验课可以实现理论与实践的结合外，高校实际上也可以开展校企合作，让学生有更多的机会接触真正的实践。校企合作中，学生可以结合当前最新的问题进行学习与思考，学以致用，可以结合企业需要解决的问题而进行探索。无论是否能将遇到的问题直接解决，在这个探索过程中，学生的创新型思维都能得到很大的锻炼，创新能力也会在此过程中得到提高。因此，完善理论与实践相结合的教育模式，对于培养创新型学生人才具有实用性价值。

3. 根据学生所处学习阶段培养不同层次的创新型人才

"双一流"大学建设高校都是综合实力较强的高校，学生不只是包括本科生，也包括硕士研究生和博士研究生。都是在同一所学校学习，使用着同一所学校的学习资源，不同学习阶段的学生在培养过程中的学习需求却是各不相同的。本科阶段的学生，刚刚结束高中生活，进入专业学习，仍处于积累大量专业知识、夯实自身专业基础的阶段。在这一阶段，学生需要学习大量专业知识，并掌握自学专业知识的能力，进而在储备知识的基础上思考一些基础的研究问题，从而逐渐形成创新性研究思维。另外，本科阶段，也是一个对职业发展规划进行选择的阶段，如果想继续深造、喜欢做科学研究，学生需要积累更多的专业知识，并通过知识的学习与追问形成创新研究思维，提升科学研究能力，向研究生方向逐渐转变。如果学生想毕业就参加工作，不再选择做科学研究，那在这个阶段更需要了解最新的专业知识，多多参加实践活动，能够灵活运用所学知识解决工作实践当中遇到的问题。本科阶段的学生总体来说划分为以上两个类型，均需要大量积累知识，开始培养创新思维与创新能力来解决问题，但是所学知识泛而浅。这一阶段主要以培养众多行业中工作直接执行者的创新型人才为主,是创新型学生人才培养的基础阶段。

　　硕士研究生主要分为学术硕士研究生和专业硕士研究生。在经过本科阶段的知识储备与专业问题解决训练后,硕士研究生阶段进入科学研究的提升层面。硕士研究生的培养,除了继续进行知识储备式的教育外,还需要引导学生开启科学研究的进程。学校应培养学生掌握基础的科学研究方法,鼓励学生选择自己感兴趣的研究领域,选择具有研究意义与研究价值的研究课题,结合所学专业知识,在提出问题、查阅资料、分析问题、实验论证、解决问题、反思研究等一系列的科学研究实践中,得出具有创新意义的研究结论。硕士研究生阶段是学生向科学研究领域迈出的第一步,也是重要的一步,开启硕士研究生阶段的学习,学生离科学研究也就更近了。在此过程中,专业硕士研究生需要结合工作中涉及的课题展开研究,以便结束硕士阶段的学习后,可以带着所学的知识、研究方法和创新性研究思维进一步高效率地解决工作中可能遇到的各种问题。学术硕士研究生更多的是对于学术问题进行探索和攻克,学术硕士的研究相对于专业硕士来说有可能更加晦涩,需要更加扎实的科学研究功底方可应对。既然选择了学术研究,此类学生多为热爱学术的学生,他们不断地积累科学研究的知识、方法,了解最前沿的本领域的科学研究成果,为自身的研究与创新性研究成果的产出付出更多的努力,同时也是为科学研究之路的开启做好准备。在硕士研究生阶段,学生的研究领域就更加专一,此阶段的创新型人才培养更加具有针对性,处于创新型学生人才培养的中级阶段。

　　博士研究生是学历教育的顶端,也是学术型创新型学生人才培养的最高阶段。培养此类学生创新型人才,需要花费更多的时间。学生在此期间要掌握大量的知识储备,同时要有独到的学术见解,要经过大量的学术研究训练,进而逐渐形成自己的学术研究风格。此阶段的培养是高要求的创新型人才培养,学生的逻辑思维要清晰,研究领域要更加专一,要通过对某个领域中的某一个或几个问题进行深入的研究和思考,找到前人的理论或研究的突破口,进一步完善理论体系,甚至创造出新的理论。这个过程是比较困难的，但是研究的意义却是更加深远的。在此阶段的创新培养是贯穿始终的，不是萌芽，也不是成长，而是经过持久的日积月累和不曾停歇的理性分析，逐渐找到具有理论价值和实践价值的创新成果。此类创新型人才培养出来后，可以满足高校、科研机构、各行业的高端管理者或研发者等多方位的需求，其创造出的价值会相对更高。

综上所述，我们可以清楚地发现，"双一流"大学建设过程中，需要为不同学习阶段的学生选择不同层次的创新型人才培养路径。虽然每一所大学针对不同学习阶段的学生都有不同的培养方案，但是科学研究支撑"双一流"大学创新型人才培养的路径选择，还要结合创新型人才培养的特点进行更深入地完善。本科阶段的学生，虽然处于知识储备的主要阶段，但是也要注重理论与实践的结合，在实践中逐渐培养科学研究创新意识与创新能力，进而有利于他们掌握解决问题的实用方法。硕士研究生要根据所属的研究生类别，根据职业规划来选择研究领域，从广泛的学习向纵深的研究前进，在掌握严谨的科学研究方法、形成具有创新性的科学研究习惯以后，更有利于思想上升高度，解决问题更有效率，为社会培养更多高素质创新型科研人才。博士研究生是未来科学研究的中坚力量，对于此类研究生的创新教育要从头抓到尾，严格的要求、持久的训练，方能培养出科研领域的顶尖人才。

第六章

科学研究支撑"双一流"大学
创新型人才培养的实然状态

2015 年《统筹推进世界一流大学和一流学科建设总体方案》发布以来，我国"双一流"大学建设在相继出台的政策指引下，已经得到了初步发展。根据《统筹推进世界一流大学和一流学科建设实施办法》所述的"到 2020 年，若干所大学和一批学科进入世界一流行列，若干学科进入世界一流学科前列"来看，"双一流"大学建设高校在 2020 年迎来了"小考"之年。经过 5 年来的高校建设与发展，"双一流"建设高校在发展的过程中积累了一定的经验，也遇到了各种各样的问题。高校在未来的发展过程中需要正视机遇与挑战，在充分了解科学研究支撑"双一流"大学创新型人才培养实然状态的基础上，促进"双一流"大学建设高校整体发展。

一、"双一流"大学建设高校的地区分布现状

根据教育部网站公布的"双一流"建设高校名单和"双一流"建设学科名单，我们可以梳理我国"双一流"大学建设高校的区域分布情况。"双一流"大学建设既是我国高等教育发展水平提升的有利契机，也是推动我国人才建设与整体发展的利好机会。"双一流"大学建设会直接推动高校所在城市的人才供给质量与供给数量，同时也会为所

在城市的整体发展提供"智库"与人才储备库的独特优势。因此,"双一流"高校建设的分布现状需要得到梳理,以利于促进高校可以因地制宜、尊重传统、延续传承地展开科学研究,在立德树人的同时培养更多科研型、实用型、创新型人才。

(一)世界一流大学建设高校的地区分布现状

根据教育部、财政部、国家发展和改革委员会联合发布的《关于公布世界一流大学和一流学科建设高校及建设学科名单》可知,我国首批建设世界一流大学共有 42 所,其中世界一流大学 A 类高校共有 36 所,B 类高校共有 6 所。42 所世界一流大学建设高校中,除了郑州大学、云南大学、新疆大学属于原"211"建设高校外,其他 39 所大学都属于原"985"建设高校。按照地区划分,42 所世界一流大学建设高校中,北京有 8 所 A 类高校,上海有 4 所,天津、江苏、山东、湖北、湖南、广东、四川、陕西各有 2 所,辽宁、吉林、黑龙江、浙江、安徽、福建、重庆、甘肃各有 1 所;B 类高校在辽宁、湖南、陕西、河南、云南、新疆各有 1 所。总体来看,42 所高校共分布在全国的 21 个省、直辖市、自治区,没有覆盖全国各个省区。已经有分布的省区也多数以 1 所世界一流大学建设高校分布为主,能够达到 2 所的只有 8 个地区。分布更加集中的就是北京和上海,分别达到了 8 所和 4 所。

我们通过世界一流大学建设高校分布可以直观地看出,目前尚有省份没有世界一流大学建设高校,新疆、云南等省区虽然有世界一流大学建设高校,但是也只有 B 类高校,只有北京和上海两个城市的世界一流大学建设高校数量相对较多,北京又比上海的世界一流大学建设高校数量多出一倍。具体的数据对比,通过世界一流大学建设高校地区分布数量统计图可以更加清晰地展现,如图 6-1 所示。

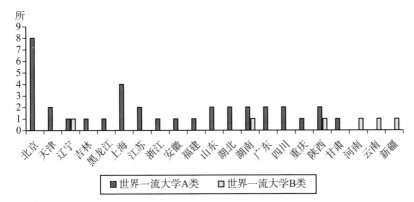

图6-1　世界一流大学建设高校省区分布数量统计图

由图6-1可以看出，北京的世界一流大学建设高校共有8所，且全部为A类高校，占总数的19%左右，优质高等教育资源较为集中；其次是上海，有4所，也全部是A类高校，占总数10%左右；天津、江苏、山东、湖北、湖南、广东、四川、陕西等紧随其后。世界一流大学建设高校并没有覆盖全国各省区，虽然整体上是较为分散的，但是也存在小范围高等教育资源突出集中的现象，而且经济发展较为靠前的地区，高等教育资源也相对更加丰富。形成此种现象的原因主要是，首批世界一流大学建设高校多为原"985"或"211"建设高校，具有一定的历史性因素，无论是政治中心、经济中心，还是经济较发达地区，都拥有一定的地区优势，且这种优势是具有延续性的。高校的建设离不开政策的支持和经济的支持，经济发展快，高校建设所需经费充足，是发展好高校建设的重要组成因素。高校的发展不是一蹴而就的，是需要日积月累的。高校的发展既要积累办学经验，逐渐夯实高校的综合实力、稳定经费来源，也需要逐渐积淀高校的学校文化和学校荣誉，这些高校建设"软实力"更需要时间的积累。经济、政策环境较好的地区，可以为高校发展提供更加肥沃的发展土壤，同时高校的不断进步又会进一步反哺地区经济、政治、文化发展，形成良性循环。首批世界一流大学建设高校的分布在原有的高校分布的基础上形成当前的分布，具有其自身的发展沿革。但是在动态管理的"双一流"大学建设当中，这份名单将不再是一成不变的传统，而会在综合考核与高校竞争发展过程中经历变革与更新。相信在"双一流"大学建设逐渐走向成熟的过程中，会有越来越多的世界一流大学建设高校增补到这支队伍当中，更好地促进各个地区的整体发展，最终促进我国综合实力的提高，帮助我国早日实现从教育大国向教育强国的转变。

（二）世界一流学科建设高校的地区分布现状

世界一流学科建设高校共有 137 所，包括 42 所世界一流大学建设高校，95 所非世界一流大学建设高校。42 所世界一流大学建设高校实际上可以视为真正意义上的"双一流"建设高校，既是世界一流大学建设高校，也是世界一流学科建设高校。95 所非世界一流大学建设高校只是世界一流学科建设高校，也是"双一流"大学建设的重要组成部分。另外，由于中国地质大学、中国矿业大学、中国石油大学在北京和其他地区是两地独立办学，所以本书在数据统计过程中按照 140 所世界一流学科建设高校进行数据分析。

虽然世界一流大学建设高校在各省、自治区、直辖市的覆盖程度相对较小，但是世界一流学科建设高校的覆盖程度就高出很多，在多数的省、自治区、直辖市均有分布。虽然世界一流学科建设高校的分布率较世界一流大学建设高校的覆盖程度要高，但是分布集中的仍然是少数的几个省市区。为了更加直观地比较各省区世界一流学科建设高校地区分布数量的差异性，结合世界一流学科建设高校数量地区分布数据统计，我们绘制了世界一流学科建设高校地区分布数量统计图，如图 6-2 所示。

22 个省、5 个自治区、4 个直辖市均有世界一流学科建设高校分布，世界一流学科建设高校已经实现在全国大多数地区的分布。在数量上看，北京、上海、江苏、湖北、四川、陕西的世界一流学科建设高校较多，北京的世界一流学科建设高校达到 30 所，江苏有 15 所，上海有 14 所，陕西、四川各有 8 所，湖北有 7 所，在全国的世界一流学科建设高校数量地区分布上占据明显的优势。另外，天津、广东各有 5 所，

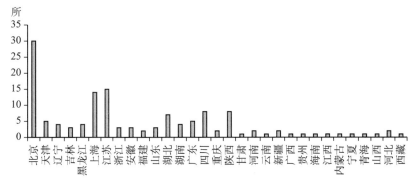

图6-2　世界一流学科建设高校地区分布数量统计图

辽宁、黑龙江、湖南各有4所，吉林、浙江、安徽、山东各有3所，在世界一流学科建设高校数量地区分布上也占据一定的优势。其他地区多数分布着一两所世界一流学科建设高校，而且以分布1所的居多。多数世界一流学科建设高校还是分布在东部地区，尤其是分布在政治、经济较为发达的北京、江苏、上海等地区。虽然陕西、四川的高校分布也较为靠前，但是在整体的数量分布上，中西部地区的世界一流学科建设高校还是相对较少。世界一流学科建设高校分布数量与地区的土地面积和人口总数之间的关联性较小。此种情况出现，受到高校发展历史、高校所在地区政治经济发展情况、高校所在地区地理特点等多重因素的影响，不能一以贯之地给予地域分布是否合理的定论。我国各个省、自治区、直辖市等广阔的地区分布，各具特色的地区发展模式，需要更多的人才资源，也需要更多的技术支持和科学研究。所以，当前的世界一流学科建设高校地区分布数量只是原有地区高校发展的一个阶段性展示，在未来的长远发展过程中，不同地区更应该结合本地区的自身优劣势来因地制宜地引导更多世界一流学科高校建设来助力地区的整体发展。

（三）"双一流"大学建设高校地区分布数量比较

"双一流"大学建设高校实则分为两类，一类是真正意义上的"双一流"建设高校，既是世界一流大学建设高校，又是世界一流学科建设高校；另一类是尚未达到世界一流大学建设高校的阶段，但是世界一流学科建设高校。所以，在分析世界一流学科建设高校的分布现状过程中，是将两类高校合并在一起进行数据分析的，为了更直观地了解两类高校的分布差异，也为了更好地掌握两类高校的分布现状和发展方向，现将世界一流学科建设高校包含的两类高校分开进行分析，将世界一流大学建设高校同样作为世界一流学科建设高校的情况默认为是此类高校"双一流"建设的必然，不再重复计算此类高校进入世界一流学科建设高校的数量。同时，将单纯作为世界一流学科建设高校的数量作为世界一流学科建设高校的数量进行统计，进而比较两类高校地区分布数量，来分析"双一流"大学建设高校的地区分布差异。我们根据统计数据制作世界一流学科建设与世界一流大学建设高校地区分布数量统计图，如图 6 - 3 所示。

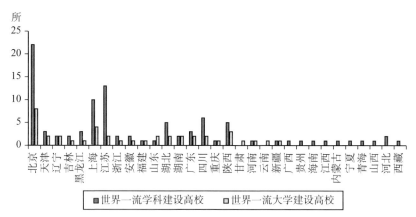

图 6 - 3　世界一流学科建设与世界一流大学建设高校地区分布数量统计图

　　我国世界一流大学建设高校和世界一流学科建设高校的地区分布基本是一致的，世界一流大学建设高校数量较多的地区，世界一流学科建设高校相应也较多。但是，世界一流大学建设高校的分布没有世界一流学科建设高校分布广泛，有些地区虽有世界一流学科建设高校，但是没有世界一流大学建设高校。两类高校同时存在的地区，往往也是世界一流学科建设高校的数量要多于世界一流大学建设高校，或者是二者数量持平。我国世界一流大学建设高校和世界一流学科建设高校的地区分布现状在总体上具有一致性，即使是实质上包含两类高校的世界一流学科建设高校，在分开比较分析后发现，实际两类高校在地区分布数量上仍与总数分布具有一致性。以上分析的高校地区分布数量所体现的问题是较为客观的，我国"双一流"大学建设高校中世界一流大学建设还有待得到扩充式发展，部分地区此类高校发展还是空白。当然，高校发展，尤其是"双一流"大学建设高校发展不可能随意决定、迅速得到发展，需要在了解原有的高校发展现状的基础上，根据国家的整体发展、国家高等教育的发展走向、地区的发展需要等多种需求，根据高校自身的发展基础，创造性地发展具有中国特色的"双一流"大学，进而真正发挥高校的科研支撑与创新人才培养的重要功能，形成高校发展的良性循环。

二、"双一流"大学建设学科的分布现状

"双一流"大学建设高校发展的基础就是高校中世界一流学科建设的发展，世界一流大学的建设离不开世界一流学科建设作为支撑。目前，我国世界一流学科建设共有 109 个学科，137 所世界一流学科建设高校与 3 所独立办学高校共同组成了本分析的统计基数。140 所高校中，42 所世界一流大学建设高校自身发展的世界一流学科相对较多，如北京大学、清华大学、中国人民大学等，一所高校就有多个一流学科建设。除此之外，单纯的世界一流学科建设高校也存在着只有 1 个一流学科建设，或只有 2 个一流学科建设的现象，有的高校的一流学科建设是属于自定一流学科建设，而且自定一流学科建设高校往往也是只有 1 个一流学科建设的高校。这在一定程度上也可以说明，世界一流学科建设高校向世界一流大学建设高校发展的前提就是发展好自身的一流学科建设，并逐渐扩大学校一流学科建设的范围。

（一）世界一流学科建设的具体学科分布

"双一流"建设学科的 109 个学科，有些学科是多所高校都有开设，

且在多所高校中都是一流学科建设，是较为成熟的学科建设；也有一些学科只有一两所学校开设，属于个别学校的自身特色学科建设，有一定的发展潜力，同时也是具有地区特色或学校特色的特色型学科建设。根据教育部发布的"双一流"建设学科名单，结合各一流学科在各世界一流学科建设高校中的开设情况，我们可以统计出不同的一流学科各有多少世界一流学科建设高校在开设，有哪些一流学科开设的高校数量较少，进而分析不同学科的发展基础与发展机会。根据教育部发布的"双一流"建设学科名单进行统计，我们编制了"世界一流学科建设高校：学科与开设此学科学校数量对照表"，如表 6 - 1 所示。

表 6 - 1　　世界一流学科建设高校：学科与开设此学科学校数量对照表

世界一流学科建设名称	材料科学与工程	化学	计算机科学与技术	数学	生态学	控制科学与工程	环境科学与工程	机械工程	化学工程与技术	基础医学
开设此学科的学校数量	29	25	14	13	10	9	9	9	9	8
世界一流学科建设名称	临床医学	土木工程	统计学	力学	药学	信息与通信工程	应用经济学	法学	政治学	马克思主义理论
开设此学科的学校数量	8	8	7	7	7	7	6	6	6	6
世界一流学科建设名称	中国语言文学	物理学	地质学	生物学	矿业工程	中药学	哲学	电子科学与技术	软件工程	电气工程
开设此学科的学校数量	6	6	6	6	6	6	5	5	5	5
世界一流学科建设名称	管理科学与工程	外国语言文学	中国史	口腔医学	风景园林学	作物学	交通运输工程	地质资源与地质工程	理论经济学	世界史
开设此学科的学校数量	5	4	4	4	4	4	4	4	3	3

续表

世界一流学科建设名称	地理学	地球物理学	现代语言学	工商管理	农林经济管理	图书情报与档案管理	建筑学	生物医学工程	植物保护	畜牧学
开设此学科的学校数量	3	3	3	3	3	3	3	3	3	3

世界一流学科建设名称	音乐与舞蹈学	大气科学	安全科学与工程	石油与天然气工程	社会学	心理学	考古学	公共卫生与预防医学	护理学	艺术学理论
开设此学科的学校数量	3	3	3	3	2	2	2	2	2	2

世界一流学科建设名称	机械及航空航天和制造工程	商业与管理	公共管理	仪器科学与技术	动力工程及工程热物理	水利工程	核科学与技术	城乡规划学	设计学	系统科学
开设此学科的学校数量	2	2	2	2	2	2	2	2	2	2

世界一流学科建设名称	航空宇航科学与技术	兵器科学与技术	科学技术史	冶金工程	农业工程	食品科学与工程	农业资源与环境	兽医学	林学	中医学
开设此学科的学校数量	2	2	2	2	2	2	2	2	2	2

世界一流学科建设名称	中西医结合	教育学	戏剧与影视学	体育学	美术学	民族学	纺织科学与工程	船舶与海洋工程	林业工程	测绘科学与技术
开设此学科的学校数量	2	2	2	2	2	2	2	2	2	2

续表

世界一流学科建设名称	水产	天文学	轻工技术与工程	光学工程	园艺学	海洋科学	农学	语言学	社会政策与管理	新闻传播学
开设此学科的学校数量	2	2	2	2	2	2	2	1	1	1

世界一流学科建设名称	会计与金融	经济学和计量经济学	统计学与运筹学	草学	公安学	能源电力科学与工程	工程	艺术与设计	电子电气工程
开设此学科的学校数量	1	1	1	1	1	1	1	1	1

"双一流"建设学科中，世界一流学科建设高校开设最多的是材料科学与工程，29 所高校开设；其次是化学，25 所高校开设；再次是计算机科学与技术、数学、生态学，分别有 14 所、13 所和 10 所高校开设；其他学科的开设情况均没有达到 10 所高校开设。开设学校数量排在前 16 位的均是自然科学类的学科建设，第 17 位方出现社会科学类学科。这在一定程度上说明，自然科学类学科建设的基础较好、范围较宽，同时也在一定程度上反映出我国社会科学类学科建设的尖端学科建设相对较少。"双一流"大学建设也需要建设具有中国特色的哲学社会科学学科体系、学术体系、话语体系和教材体系，而当前我国的社会科学类学科建设拔尖的相对较少，范围相对较为局限，且距离建设成具有中国特色的学科、学术、话语、教材体系还存在一定的距离。我们相信，在国家的支持与引导下，在所有高校的共同努力下，各所高校紧抓哲学社会科学类世界一流学科建设的良好机遇，未来可以逐渐形成属于中国的、具有中国特色的、得到世界普遍认可的哲学社会科学学科、学术、话语、教材体系。

（二）世界一流学科建设高校相同学科开设分布现状

为了更清晰地分析开设同一学科学校的总数在不同数段的学科数量情况，我们根据表 6 - 1 中的具体数据统计、制作了"世界一流学科建设高校：开设同一学科学校数与学科数量及占比对照表"，如表 6 - 2 所示。

表 6 - 2　　　　　　世界一流学科建设高校：开设同一学科学校数与学科数量及占比对照表

类别	开设同一学科学校达 20 ~ 29 所	开设同一学科学校达 10 ~ 19 所	开设同一学科学校达 5 ~ 9 所	开设同一学科学校达 1 ~ 4 所
学科数量	2	3	26	78
占比	2%	3%	24%	71%

我国世界一流学科建设高校中，开设同一学科学校达到 20 所以上的共有 2 个学科；开设同一学科学校达到 10 所以上的共有 3 个学科；开设同一学科学校达到 5 所以上的共有 26 个学科；开设同一学科学校不足 5 所的共有 78 个学科，其中开设同一学科学校只有 1 所的共有 12 个学科。开设同一学科学校达 20 所以上的学科占比为 2%，开设同一学科学校达 10 所以上的学科占比为 3%，开设同一学科学校达 5 所及以上的学科占比为 24%，开设同一学科学校不足 5 所的占比为 71%。

根据学科数量和占比可以看出，开设同一学科学校数量较多的学科还是少数，绝大多数的学科都是少数几所高校在同时开设。这在一定程度上说明，当前"双一流"大学建设高校的发展还是向着各具特色的学科方向发展，根据学校特色学科来展开"双一流"大学建设，对学科发展建设和高校的整体发展建设均具有推动作用。高等教育、高校建设需要的都不是千篇一律的模仿，而应是在立足实际发展适合高校自身和高校所在地区整体发展需求的基础上，做好科学研究，在科学研究的支撑下，培养更多高素质的创新型的实用、拔尖人才。同时也要注意的是，虽然特色发展很重要，但是特色发展不等于单一发展，也不等于孤立发展，学科的良性发展同样需要同一领域、同一层次的学科建设间的交流与竞争，作为世界一流学科建设的学科既要保持自身的特色，也要拓宽相应学科开设学校的范围，在"双一流"大学建设过程中成就更多优质的特色学科建设。

三、"双一流"大学建设高校科学研究发展现状

科学研究是高等学校发展的重要组成部分，高校是人才的聚集地，大批的优秀科研人才聚集在高校中从事育人与科研工作，教学培养与科学研究相辅相成、互相影响、互相促进、互相支撑。高校师生是科学研究得以高效展开的重要人力资源支撑，是科学研究创新发展的智慧源泉，也是推动科学进步的重要力量。高校建设中，在科学研究的发展得到保障的同时，科学研究的发展也会支撑高校的整体发展。高精尖科学研究成果的产出，可以为高校发展带来经费、声誉、文化积淀等多方面的收获，在科学研究的过程中也会培养出更多高质量的创新型人才。创新型人才的培养既可以为科学研究贡献力量，也会为学生的就业打好基础，无论是科研成果的产出还是学生的就业质量提高，都会进一步吸引更多优质生源涌入高校，进而为培养高质量创新型人才提供新鲜血液，形成科学研究支撑高校创新型人才培养的良好循环。"双一流"大学建设高校均为我国高校中处于发展前列的高校，高校自身的科学研究实力本就靠前，在利好政策的指引与支持下，各高校在科学研究发展过程中更应重视了自主创新能力、国际学术影响力的提升，也更应重视科研成果的转化与服务，以及重视经费来源多元化的保障。

（一）高校发展更加重视提升自主创新能力

"十二五"期间，我国高等学校新建 5 项重大科技基础设施，大量"973""863"等重大任务和科学研究计划以及 80% 以上的国家自然科

学基金项目由各类高等学校承担；高等院校科研总经费达到5936亿元，涨幅明显；多达总数60%的国家重点实验室均由高校承建；高等院校共获得国家自然科学奖、技术发明奖、科技进步奖总共授奖数量的60%。① 当前，"双一流"大学建设高校多数为原"985""211"建设高校，在科学研究队伍中是佼佼者，享受着国家划拨的各类科研经费的支持，拥有着较为深厚的高校发展历史底蕴，也拥有着众多的科研人才。科学研究本质上就是一种创新研究，需要探索尚未被发现的科学奥秘，但是科学研究的过程又是艰辛而曲折的。高校进行的科学研究是在原有科研成果上修剪、加以完善，还是能得到具有独创性的尖端科研成果，往往取决于团队组成、科研目标、科研能力、科研经费、科研自信心、研究基础等多种因素。在"双一流"大学建设高校确定之后，各高校再一次深刻认识到自主创新能力的重要性。只有更加重视自主创新能力的提升，才有可能在科学研究过程中得出更高水平、更具创新性、更尖端的世界一流的科研成果。为了实现高校向世界一流大学方向发展，实现"双一流"建设学科向世界一流学科方向发展，高校日益重视自主创新能力提升，力求用高精尖的科研成果来做"双一流"大学建设最好的成果支撑。

（二）高校发展更加重视提升国际学术影响力

我国部分高校在国际学术排行榜中占据一席之地，且随着时间的推移排名位置持续向前靠拢，如在2020—2021年QS世界大学排名中，清华大学排名在第15位，北京大学排名在第23位，虽然尚未达到高校排名的最前端，但是和我国高校自身发展历程相比，已经充分体现了我国高校正在逐步向前发展，相信"双一流"大学建设将会进一步推动我国高校向前发展。另外，在学术论文产出方面，我国高校学术论文产出占世界科技论文总数的八分之一，其中影响力较高的论文数量也在一同

---

① 资料来源：《教育部关于印发〈高等学校"十三五"科学和技术发展规划〉的通知》（教技〔2016〕5号）。

增涨。以论文及其被引次数的国际学科评估为依据，2010—2014 年间，进入世界前 1% 的学科由 335 个增至 616 个，学科进入世界前 1% 的高校由 104 所增至 164 所。受邀在国际重要学术会议上做特邀、专题和主题报告，担任国际学术会议主席和著名学术期刊编委，参加国际学术交流的人数均大幅度提升。① 以上数据都是我国高校在积蓄能量阶段的产出，在"双一流"大学建设高校名单发布后，各类高校更加重视提升国际学术影响力。除了论文数量和质量上的提高外，我国高校中的师生也在积极参与世界顶级会议，参加国际学术交流，在学术大会上发表论文，让我国高校的科研成果可以得到更多国际同领域研究者的关注与交流，进而提升我国的国际学术影响力，也让更多的学者了解我国科学研究成果。此外，各"双一流"大学建设高校也更加重视出国访学、交换学生、联合培养学生、接受国际留学生等，通过各具特色的学生培养方式，形成我国学生培养和世界其他国家和地区学生培养的共生性发展。在国际学生培养过程中，我国既可以借鉴国外高校的学生培养的先进理念，规避国外高校学生培养存在的缺陷，更好地推动我国"双一流"大学建设高校的改革发展，也可以通过国际学生之间的交流与共同学习，最直接地在科学研究过程中提升我国高校国际学术影响力。

（三）高校发展更加重视科研成果转化与服务

当前，"双一流"大学建设高校发展越来越强调科研成果的转化与服务，对科研成果如何得以落地更加重视与支持。作为科技第一生产力、人才第一资源和创新第一动力的结合点，高校牵引国家基础研究和高素质创新人才培养共同致力于服务国家和区域经济社会发展，发挥思想库和智囊团等多种作用。② "双一流"大学建设高校是科学研究的前沿阵地，每年都有大量的科学研究成果从高校教师和学生的攻坚克难中得以产出。科研成果产出是一个延续性、持续性的发展状态，但是科研

①② 资料来源：《教育部关于印发〈高等学校"十三五"科学和技术发展规划〉的通知》。

成果转化与服务社会尚未得到足够成熟的发展,"双一流"大学建设对此也更加重视。科学研究本质上就是通过科学探索得出能够促进社会进步与发展的成果产出,科研成果本质上需要得到应用才能够真正实现科学研究的价值与意义。随着高校发展的进步,高校不再拘泥于理论研究,高校的发展更加重视科学研究与产业相结合,注重科研成果转化,注重科研成果更大范围地服务社会与人民群众。随着经济社会不断发展,高校中高素质人才的科学研究项目越来越丰富,除了对传统的科学理论的钻研与探索,他们更加重视与自身研究领域相关企业、单位、个人进行合作,将科学研究与社会需求、经济发展充分结合,根据需求展开科学研究,进而实现科研成果转化,服务社会。另外,科研成果转化与服务社会的过程往往也会激发新的研究议题,发现和解决新的问题,实现科研成果发挥最大化的作用。例如,当前教育类"双一流"建设高校,很多高校都和中小学进行合作,无论是对基础教育的研究还是向各地区基础教育阶段的学校传授先进的科学理念,落实对地方中小学管理发展研究,进而指导地方中小学在所属研究课题研究成果的指引下得到科学发展,都越来越得到"双一流"大学建设高校的重视与推广,也逐渐形成了高校科研和地方发展共赢的良好态势。

(四)高校发展更加重视科研经费来源多元化

我国高等学校的科研经费在很长一段时间主要来源于国家经费划拨或政府主管部门支持。随着市场经济的不断发展,高校经费来源也开始向多元化方向发展。高校除了可以获得传统意义上的政府经费划拨,也可以通过科学研究成果转化和事业性收入来补充高校经费,或者面向企业,在服务经济发展的前提下,以雄厚的科研能力、务实且严谨的科学态度、良好的信誉度、科学的选题以及较强的公关能力等作后盾,通过与企业的项目合作来拓宽科研经费来源。国家统计局对教育经费的统计显示,2018 年全国教育经费为 46143 亿元,财政性教育经费为 36995.8 亿元,民办学校办学经费为 240.6 亿元,社会捐赠经费为 94.8 亿元,各类学校教育经费事业收入为 7738.2 亿元，其他教育经费为 1073.6 亿元。① 这些数据在一定程度上也可以说明，高校教育经费来源已经朝向日益多元化方向发展，科研经费来源也日趋多元化。"双一流"大学建设高校在国家经费支持的基础上，同样拥有来自事业性收入、社会捐赠、地方财政支持等多元化的经费来源，而且高校逐渐重视科研经费来源的多元化。高校的发展，无论是科学研究的推进，还是创新型人才的培养，都需要充足的经费作为支撑，重视科研经费来源多元化，逐步拓宽科研经费供给路径，更有利于高校经费稳定而充足，进而有利于高校整体发展。

四、"双一流"大学建设高校创新型人才培养现状

"双一流"大学建设高校在发展过程中，重视科学研究的同时也应日益重视创新型人才的培养。世界一流大学和世界一流学科培养出来的应该是在各领域具有创新意识和创新能力的高精尖人才，对"双一流"高校人才的培养需要给予更多的关注与更高的要求。创新型人才的培养既需要培养创新型教师人才，也需要培养创新型学生人才。而培养创新型学生人才，更需要根据学生所处的不同学习阶段、不同学科来因材施教，才更有利于培养出更多创新型人才。当前"双一流"大学建设高校创新型人才培养，虽然有着较为完善的培养体系，但是对于"创新"的挖掘与发展还有待提高。

（一）创新型教师人才培养现状

培养更多的创新型教师人才，一方面有利于高校开展科学研究得到人才支撑，另一方面也有利于保障高校教师有能力培养更多创新型学生人才。"双一流"大学建设高校中的教师作为高校科学研究高地上的领

---

① 国家统计局网站，http://data.stats.gov.cn/easyquery.htm? cn = C01 ［EB/OL］，2020，5.27。

头羊，往往专业素养良好，接受过系统的科研训练，具有较强的创新能力。但是高校创新型教师人才不单要具有创新能力和创新素养，还要引领学生走入创新之门，培养学生的创新思维和创新能力。

当前，高校教师的发展与评价面临一定的科研成果产出类的硬性指标，能否达到这些指标同教师的未来发展息息相关。在此种情况下，高校教师为了增加科研成果产出，把更多的精力投入科研项目当中，例如发表学术论文、申请基金项目、参加学术会议等。这种现状在一定程度上可以促进高校科学研究的发展，为学生树立良好的榜样，但是在一定程度上不利于高校创新型人才的培养。高校教师不是单纯的科研工作者，他们除了做好科学研究之外，还有一个重要的任务就是教书育人。高校中的教书育人不是简单的授课，这种教育需要教师拥有开阔的教学视野、先进的教育理念，实施激发创新思维的高品质课程体系以及对学生的关怀与了解等。高校教师是分别属于不同学科领域的科研学者，自然不能保证每位教师都能对高等教育做到充分的理解，这就需要高校教师既要有提升自己业务能力的机会，又要有做好教学与教育准备的充足精力。因此，当高校教师将太多的时间和精力投入科学研究时，也会出现教学精力投入无法保证、自我提升时间有限、缺少系统培训等问题。除此之外，在科研和教学以及指导学生或其他行政事务的多重压力下，很多教师无法集中精力平衡自己的时间，会出现为了应付考核而完成任务的倦怠思想，此种状态不利于最大限度地激发教师的创新能力。

（二）创新型学生人才培养现状

高校是培养学生的主要阵地，培养创新型学生人才也是高校发展一直的坚守。高等教育阶段，学生已经拥有多年的知识积淀，步入大学阶段后进入专业学习，进一步充实学生的专业知识的基础上，学校更要培养学生的创新精神、创新思维、创新意识和创新能力。因为单纯的知识传授是现有科研成果的传承，但是创新是新事物产生的开端，高等学校培养的是高素质人才，他们应该具有独立思考的能力，具有敢于创新的精神，也要具有进行创新的能力，从而在创新中推进社会的发展。"双一流"大学建设高校发展的重要组成部分就是培养不同层次的创新型学生人才，高校在发展过程中必须重视创新型学生人才的培养。

"双一流"大学建设高校培养创新型学生人才的重要组成部分就是对本科生的培养。每年都有众多学子在多年的努力学习过后通过高考步入理想的大学殿堂，开始自己多彩的大学生活。"双一流"大学吸引来的高考学子往往是最优秀的一批学生，这些学生也为高校的发展增添了新的活力和希望。本科生是高校培养创新型人才的重要组成部分，多数高校的本科生是高校在学学生中体量最大的学生。每年都有大批本科生在高校四年系统培养后走入社会，为各行各业的建设与发展贡献自己的力量。因此，本科生教育得到了高校的广泛重视。本科生的培养体系在高校中是较为成熟的，高校在本科阶段为学生由浅入深地规划了课程体系、社会实践、论文训练等环节。当前本科生的教育不只是专业知识的传授，也有丰富的社会实践和学校活动组织，引导学生通过参加大赛等活动来养成思考、自学、创新、团队合作习惯，力求培养德智体美劳全面发展的优秀大学生。

研究生创新型人才培养，又分为硕士研究生创新型人才培养和博士研究生创新型人才培养。"双一流"大学建设高校拥有一流的教师队伍和教育资源，培养研究生创新型人才同样具有较为充分的经验积累。但是，研究生阶段更是培养创新型学生人才的重要阶段，因为进入研究生阶段的学生已经开始较为专一地从事科学研究工作，进入博士研究生阶段的学生基本上已经具有独立开展科学研究的能力。无论是硕士研究生还是博士研究生，在导师的引导与帮助下，都会参与科学研究当中，虽然不同学科有着不同的特点，有的学科会多一些实操类的实验研究，有的学科会多一些实证研究，有的学科会多一些理论研究，有的学科需要去野外采集样本进行研究，但是研究生阶段的教育的共性就是引导学生思考、创新，发现问题并解决问题。"双一流"大学建设高校的研究生教育正是创新型学生人才培养的重要体现，高校为研究生教育搭建了完善的培养平台，无论是课程安排、论文培养，还是课题参与、学术会议、学术活动、交流访学的组织，都为研究生提供了较大支持。经历研究生教育的创新人才在走出校门后，往往会服务于国家、地方的重要领域，为国家和社会建设提供智力支持。

在创新型学生人才培养上，"双一流"大学建设高校有着较为成熟的学生培养体系，也为国家建设培养出了很多创新型人才。但是，当前的培养体系也不是十全十美的，仍然存在改进发展的空间。如本科生教育往往存在学生入学后自我约束力较差，对于自己专业认知不够清晰，部分学生刻板学习、缺乏创新精神等问题；研究生教育中也会出现学生过于依赖导师，学生创新研究多依附于导师课题，有时会出现为了完成任务而进行科研，缺乏创新动力，进而影响学生最大限度地激发自身的创新意识与创新能力等问题。推进问题是高校发展过程中不可避免的事情，而发现问题并及时、有效的解决才是高校"双一流"大学发展真正需要重视的事情。

五、科学研究支撑"双一流"大学创新型人才培养现存问题

"双一流"大学建设离不开科学研究作为支撑，世界一流大学建设和世界一流学科建设的主要目的也是培养更多的创新型人才，在科学研究支撑的前提下，我国"双一流"大学建设高校在培养创新型人才方面已经取得了一定的成果，并在积极向前发展。但是，事物的发展总是在曲折中不断前进的，"双一流"大学建设不可能在起步阶段就是趋于完美的，当前科学研究支撑"双一流"大学创新型人才培养仍存在一定的问题需要解决。从宏观层面来看，虽然政策引领和国家指导、地方支持都在促进"双一流"大学发展，但是具体的指导方略并不多，高校仍处在"双一流"大学建设的摸索阶段。从微观层面来看，高校发展尚在"随大流"的发展阶段，自身的特色发展尚不完善；科学研究多数还停留在研究为主，"产学研"相结合的科研模式还未形成；高校创新型人才培养虽然一直都在推进，但是创新能力的激发并不充分。

（一）高校建设缺乏具体指导方略

自"双一流"大学建设理念提出，到"双一流"大学建设高校和学科名单公布，再到后续的高校发展指导，国家各个部门对"双一流"大学建设高校发展提出了很多指导与帮助，也给予了很多政策支持。但是，无论是当前已经公布的政策文件，还是当前研究"双一流"建设的科研成果，多数都是对"双一流"大学建设的宏观发展给予指导和建议。高校建设的大方向是明确的，高校建设的总目标也是明晰的，但是高校具体要如何发展，具体要如何行动，具体要遵循怎样的评价标准等指导方略并不是特别清晰。各个高校均是在已知的指引方向下发展，同时也会相互观望，依据"双一流"大学建设名单中综合实力更高的高校发展模式来进行修补式的改革发展。但是，"双一流"大学是建设世界一流的大学，世界一流的学科，需要高校抛开模仿的惯例，真正立足于本校发展现状，结合所在地区的资源优势、政治优势、经济优势，根据人才需求实际来开展科学研究和培养创新型人才。无论是世界一流大学建设还是世界一流学科建设，都需要具体的指导方略，具体的指导方略缺乏，高校容易迷失发展方向，也容易在改革的浪潮中迷失自我，从而减缓"双一流"大学建设进程。

（二）高校自身特色发展尚不完善

"双一流"大学建设在一定意义上也可以理解为是建设具有中国特色的"品牌"高校，通过高校建设与发展向世界展示具有中国特色的学科建设、文化建设、高等学校建设。这样的建设过程中很重要的一点就是找到我国高校发展的中国特色，找到学校发展的自身特色，找到学科发展的学科特色，找到我国高等教育建设过程不同于其他国家的优势特色。那么，寻找特色就不是千篇一律，需要高校立足实际重新审视自身，形成特色发展。但是，我国多数高校无论是否属于"双一流"大学建设名单之中，都有一个共性，就是追求大而全的综合性建设，忽略了抓住自身的特色优势来发展自己独有的特色建设模式。综合性高校固

然有自身的好处，但是并不是每一所高校都能做到将每一门学科都建设
成世界一流学科，即使是世界一流大学也很难做到。因此，国家提出
"双一流"大学建设，就需要各高校体会到其发展重点。"双一流"建
设最根本的还是依托高校学科建设，高校学科建设可以以点带面，那么
高校就能够更加真实地接近"双一流"大学，学校发展为既是世界一
流学科建设高校，也是世界一流大学建设高校。但是，如果无法很快达
到真正的"双一流"，也并不意味着自身价值就偏低，而应正视高校发
展过程中哪一个学科或哪些学科具有较大的发展潜力，整合资源发展好
学校的特色学科，发展好学科交叉建设也可以是学校发展的突破口。当
前我国高校建设与当前我国城市建筑建设有一些共同的特点，多数高校
发展缺乏自身的特色，就像多数城市建筑也缺乏自身特色，评价一所大
学找不到这所大学最与众不同的地方。特色发展不够完善的状态，不利
于高校挖掘到自身发展的闪光的优势，也不利于真正走向"双一流"
大学建设，自然也不利于将中国特色高校发展推广到世界范围。

（三）高校"产学研"相结合科研模式尚未系统形成

高校的科学研究职能不容忽视，高校教师往往也是科研工作者。但
是，高校科学研究也存在一定的发展问题。在科学研究过程中，高校的
研究经常会被冠以"学院派"的标签，虽然严谨，但是有时也会存在
与实际社会需求存在一定偏差的情况，科学研究成果落地存在一定困
难。高校教师和学生开展的课题研究多数偏于理论，这是科学发展的有
力支撑，值得肯定。但同时，高校作为育人的主要场所，教师和学生对
于所研究领域的实践情况掌握程度往往不够。科学研究不可能是完全来
自书本或者理论的推演，还需要更多的实际调研与长时间的经验积累和
实地观察，在此基础上进行的研究才能更具有研究意义与研究价值，得
出的研究成果也才更具有理论价值和应用价值。作为高校工作者或者高
校中的学生，高校是他们主要接触的环境，接触到所研究领域的实践情
况，虽然也可以通过实验、访谈、调研等形式得到一定的资料，但是这
些资料往往存在一定的局限性。很多学科需要长时间、广泛性的科学研

究才能得到一定的研究突破，有的学科具有自身发展的独特性，需要掌握大量的一手数据才能分析出一定的发展规律，才能进一步解决现实中存在的问题。这些科学研究需要满足的条件不是简单的研究方法可以解决的，而是要有实体对接，研究出的成果也需要实际应用才能验证研究的合理性与价值性。当前高校"产学研"相结合的科研模式尚未系统形成，想真正意义上增强高校科学研究质量，培养实用型、创新型人才，还是要加强高校与其他机构、企业的合作，进而推动科学研究的发展，也促进科学研究成果的落地转化，真正将高校的智力资源转化成造福于民的科技资源。

（四）高校创新型人才培养自主创新能力激发不足

高校创新型人才培养主要包括创新型教师人才培养和创新型学生人才培养。但是，在当前的高校创新型人才培养过程中，人才的自主创新能力并没有最大限度地激发出来。对于高校教师来说，科研精力和教学精力都无法完全满足。作为一名高校教师，教书育人是工作的根本，每一位教师都承担着教学任务，同时也要辅导自己的学生，除了要"教书"，同时也要"育人"，要关怀、爱护、引导、帮助学生，也要备课、拓展、上好每一堂课，同时还要应对各种考核，做好自己的本职工作。除了教书育人，高校教师也是一名科研工作者，他们需要根据自己的所长，做好科学研究，既要完成学校规定的科研指标，也要追寻研究领域创新发展的最新动态，为了个人发展还要尽快承接、完成课题与论文撰写。这样高强度的工作压力，虽然可以推动学校教学、科研的发展，但是教师的精力毕竟是有限的，如果精力不够集中，容易导致教师过于疲惫，自主创新能力激发不足。

对于学生来说，自主创新能力的激发还要建立在研究兴趣和学习兴趣得以激发的基础上。学生通过高考、选择专业、入校攻读，也会存在所选专业不能激发学生学习兴趣的可能。大学阶段的学习不再有过多的约束，学生对于所学专业兴趣不足，实际上投入的学习精力就会随之大打折扣，自主创新能力也会受到影响。以参与竞赛为例，学生在参加比赛的过程中是否可以接受良好的引导与帮助，是否真正为了展现自己的研究成果、提升自己的研究能力而参加比赛，还是单纯的功利性参与，若失败就会自我否定？这种在日常学习过程中形成的心理波动，也会影响学生自主创新能力的激发。另外，当前高校学生参与的科学研究多数都是导师课题中的研究。学生在大学入学之前多数在为升学、考试而学习，到了大学阶段自学、提问的意识还不够。如果缺少对学生自主发问的引导，不能促进学生主动寻找自己感兴趣的研究问题，并为之不断探索的锻炼，也很容易削弱学生自主创新能力，从而不利于创新型人才的培养。

科学研究支撑大学创新型人才培养路径的国际发展经验与启示

　　科学研究支撑"双一流"大学创新型人才培养的发展之路，除了要结合我国高等教育的发展现状及国家的政策引领来进行规划和完善，也需要借鉴其他国家的发展经验，在了解科学研究支撑大学创新型人才培养路径的国际现状的基础上，借鉴国外一流高校发展的先进经验，为我国"双一流"大学建设与人才培养挖掘契合度更高的实用性启示。世界各国的高等教育发展各有特色，也与各国的总体发展相互呼应，对每一个国家的大学创新型人才培养路径进行深刻分析需要大量的数据与案例，我们难以完成对每个国家同一问题的逐一研究与分析。但是，世界高校发展遵循特殊性与同一性共生发展的规律，有些代表性国家高校发展现状可以在一定程度上反映世界一流高校发展的总体现状。因此，在研究科学研究支撑大学创新型人才培养路径的国际现状问题中，我们选取了具有代表性的国家进行现状与启示研究，分别对德国、美国、俄罗斯和日本关于科学研究支撑大学创新型人才培养路径的现状与启示进行了简要分析。

一、国外大学在科研与创新型人才培养中形成的经验

　　国外大学在科学研究与创新型人才培养中形成的经验值得借鉴与学

习。位于欧洲的德国、位于美洲的美国、横跨欧洲和亚洲的俄罗斯、处于亚洲的日本均在高校发展过程中具有一定的代表性。因此，对四个国家高校建设与发展的研究可以展现不同的经验以供借鉴与学习。德国"洪堡体制"的确立与不断改革为德国高校发展带来新的机遇，美国高校自由教育与"大学生科研"活动的开展为学生的创新发展提供了平台，俄罗斯高校"科教一体化"的推行与日本高校以"开放"为导向的创新人才培养理念也为高校科研支撑创新型人才培养提供了宝贵的学习经验。

（一）德国高校"洪堡体制"的确立与改革

德国的高等教育体制发展历史悠久，重点强调学术的自由性与自主性、推行科教结合的特色办学理念，在不断的改革发展中为欧洲大学发展起到带头作用，并享有一定的国际声誉，具有一定的代表性，我们可以通过研究德国的大学发展之路来总结其在科学研究与创新人才培养中形成的经验。

德国高等教育体系从建立到现在一共历经了三个发展时期：第一个发展时期是 18 世纪之前，德国的大学制度正处于建立初期，在此时期，为求得高校的生存和发展，需要政府法令或专门的基金会来提供帮助。第二个发展时期开始于 19 世纪，"洪堡体制"的确立使德国科技雄踞高等教育顶峰足足百年。把科学研究纳入教学过程，通过科学研究培养创新人才，这为在 19 世纪处境困难的欧洲大学开辟了一条崭新的发展道路。依靠这一理念进行改革的德国大学，在大学现代化方面发挥了带头作用。德国的高等学校，在 19 世纪显然做出了巨大贡献，其对科研创新人才培养发挥了重要的作用。举例来说，诺贝尔奖颁发的前 30 年，全部获奖者中有 30% 是德国的科学家，在获得物理学奖的 34 位科学家中，14 位曾受到德国高校的栽培。一直到 1870 年，也只有德国的大学建立起了能够使学生进行科学、学术研究的机构①。第三个时期是 20 世纪末期之后，随着欧洲一体化的推进，教育领域的革命遍及整个欧洲社会，德国的教育和研究系统逐渐融入世界。② 20 世纪 30 年代，德国高等教育较为单一的科研教育制度已经无法激起学生的兴趣，满足他们的需求。加上第二次世界大战之后，德国教育体系受到了极重的打击，美国取代其科研核心地位。从此以后，一直到 20 世纪中后期，国际竞争愈演愈烈，科研育人的功效是各个国家的核心竞争力，德国高等教育体制在当时未能跟上时代的发展。直到 20 世纪 90 年代起，德国在两德统一的新局面下，对其高等教育做出了一连串改革，以顺应世界发展的大趋势。③

德国高等教育体系发展的三个时期中，促使德国高等教育雄踞高等教育顶峰足足百年之久的就是"洪堡体制"的建立。这一体制的建立为德国高等教育发展带来新的活力，也为世界高等教育发展积累了鲜活的经验。德国的高等教育体系在 19 世纪初，诞生了一套崭新的高校管理理念，即"洪堡体制"，是由德国著名的地理学家、博物学家洪堡等在高校改革过程中提出的。"洪堡体制"有两点关键要素：其一，高校拥有绝对的学术自治权，其学术自由性必须得到保障，而国家应为高校提供制度支持或资金保障；其二，要确保学校自治、学术自由以及科教结合。④"洪堡体制"树立了德国大学管理的新理念，即"创造知识和传授知识相统一"，打破了过去仅仅传授现有知识的传统观念，为德国的科研与高等教育的繁荣打下了坚实的基础，具有重要作用。

（二）美国高校自由教育与"大学生科研"活动的开展

美国高等教育一直注重自由教育，并侧重于培养人才的创新能力。

---

① 胡建华：《大学科学研究与创新型人才培养》，载于《现代大学教育》2009 年第 4 期，第 1~4 页、第 112 页。

② 兰军瑞：《德国现代大学制度的演进及趋势》，载于《重庆文理学院学报》2011 年第 30 期，第 89 页。

③ 邓静芬：《20 世纪 90 年代以来德国高等教育管理体制改革研究》，浙江师范大学论文，2009 年。

④ 陈洪捷：《德国古典大学观对中国大学的影响》，北京大学出版社 2002 年版。

19 世纪中后期，一些美国学者将德国"科教结合"的教育理念带回美国。随后，美国的大学逐渐将"科教结合"作为大学教学的基本准则，多数大学开始让学生参与科学研究。19 世纪 80 年代开始的高等教育改革的大流行中，美国的大学制定的目标之一就是要培育创新型的人才。直到 1984 年，美国高质量高等教育研究小组研究并发表了研究报告《投入学习：发挥美国高等教育的潜力》，该报告显示，美国公民不仅要拥有、掌握庞大的知识体系，同时还要具备创新性的思维。报告中还指出美国的高等教育是为未来而准备的，并不是为了某一特定的职业而制定的训练，其最终目的是使学生能够更好地适应不断变化的世界①。

美国的大学注重自由教育，鼓励大学生参与科研活动。大学生科研活动的展开主要有四个特征：第一，大学的教育理念应明确，学习知识是在导师引导之下，在现有知识的基础之上而不断探索并发现新知识的过程。知识的积累不只是单纯的堆积材料或简单的信息传递，是促进科学研究、教学方式、教学内容相结合，保证让更多的大学生参与科学研究。第二，大学生的科研活动已变成一项由政府引导、社会支持、学校实施的，三者相互配合，有组织、有计划的重要任务。第三，大学生在参与科研活动，学生不但能与老师关系更和睦，并且能够在活动中领略著名专家学者风采，由此进一步激发学生对研究活动的兴趣与激情。第四，国家和社会需要对大学生的科研活动进行资助，学校需要对大学生的科研活动进行全方位管理。② 这些都是美国发展科教结合的高等教育的重要保障条件。

美国的"大学生科研"，来源于德国"洪堡体制"中的"教学与科研相结合"的教育观念。这种教育理念由美国研究型大学推动，继而步入正轨，且进一步影响其他国家的高等教育理念。美国高校将科研和教

①　美国高质量高等教育研究小组：《投身学习：发挥美国高等教育的潜力》，摘自教育发展与政策研究中心：《发达国家教育改革的动向和趋势》，人民教育出版社 1986 年版，第 62 页。

②　孙琪：《研究型大学本科人才培养模式改革研究及启示》，载于《山东师范大学学报（人文社会科学版）》2013 年第 6 期，第 109 ~ 114 页。

学的强势结合,在改变其高校人才培养目标的同时,也越来越重视科学研究在培养高质量创新型人才过程中所占据的决定性位置和关键作用。美国的相关文件也曾指出,学习即为探索,而非单纯地堆积现有的材料,学习也不是简单的信息传递,应将被动接受知识的传统观念转换成与教师共同进行科学探索的状态。大学生应从入学的第一年开始,就踊跃报名参加有关科学研究的各类活动,在研究中培养自身独立思考能力。目前,美国高校大学生参与科研活动已成必然,其科研和教学在历经从融合向分离的转变之后,再次从分离走向融合。

(三) 俄罗斯高校"科教一体化"的推行

苏联解体之后,俄罗斯无论是在社会、经济还是在教育等方面,均受到了重创,并导致其科技创新人才大量流失,智力人才的流失更是导致科研人才的缺乏。1996 年,俄罗斯联邦政府颁布了《国家支持高等教育与基础科学一体化》。该文件是俄罗斯政府制定的有关"科教一体化"的第一个具体政策。2007 年,俄罗斯政府对"科教一体化"的相关规定作出一定的修改,将"科教一体化"的普及面由最初的高等职业教育和科学的"一体化",扩展到高等教育以及大学之后的教育,将二者同科学"一体化"。2008 年之后,俄罗斯政府又颁布了《教育与创新经济的发展:一年推行现代教育模式》,文件提出了更多关于"一体化"的内容,即贯彻科教一体化,至少建立两个以上的高水平科教中心,努力达成科教一体化的新目标,培养更多的创新型人才,将其融入国家社会发展的大循环中,力争为社会科技创新承担更多的科研任务。[①] 这些文件的颁布,为"一体化"确立了进一步发展的目标。2010 年,俄罗斯政府曾提出,建立一流大学、一流学科是培养创新型人才的关键要素,使其成为推进国家创新发展的主力军。2012 年,俄罗斯政府颁布了《关于国家政策在教育和科学领域中的落实措施》相关文件,其中提出了"5 - 100 计划",即俄罗斯在 2012 年至 2020 年,必须要有

---

① 郑丹:《俄罗斯"科教一体化"模式与借鉴研究》,哈尔滨师范大学论文,2012 年。

5 所大学能够步入世界大学前一百强。随后，俄罗斯政府颁布了《"2002—2006 年俄罗斯科学与高等教育一体化"联邦专项纲要》，标志着俄罗斯"科教一体化"政策正式确立。在此之后，俄罗斯政府实行多单位跨部门工作模式，即要求教育部、工业与科技部以及科学院建立一个共同合作的工作小组。俄罗斯政府整合高校、科研院所和政府行政部门三者的科研力量，来提升国家公民职业教育的水平。

"科教一体化"内容的贯彻，有益于俄罗斯高水平科教中心的建设，有利于培养更多的创新型人才，并将其融入国家社会发展的大循环中，为国家与社会的科技创新承担更多的科研任务。[1] 俄罗斯创新型大学的发展方向具体由六个层面构成：其一，使教学内容趋于现代化，能够满足社会发展需求；其二，大胆尝试新技术；其三，试行新的教学方式；其四，在科研过程中锻炼创新能力；其五，更新教学仪器；其六，也是最重要的，即提高高等教育质量。[2] 俄罗斯"科教一体化"制度的推行以及世界一流大学与创新型大学的建设为其高校培养创新型人才提供了一个大平台，并打开了国家创新发展的崭新局面。俄罗斯在发展创新式的高等教育时建立起来的创新型大学，提升了其高等教育领域创新型人才的质量，提高了人才培养的科学研究能力和国际竞争力，推动了俄罗斯高等教育现代化的步伐，是一项有效举措。

（四）日本高校以"开放"为导向的创新人才培养

古典经济学理论体系的创立者亚当·斯密在 1776 年出版的《国富论》中曾提出人力资源资本化的观点，即人的才能同其他任意类型的资本都是关键的生产方式。举例来说，为达成多元化的创新人才培养目的，美国重"协同"，研究型教学法与案例教学法协同，学分制与导师制相协同；而日本研究型大学则以"开放"为中心轴，把内部发展动机同外部激励紧密相连，以促进供需相平衡，培养复合型拔尖创新人才，完成其担

---

① 郑丹：《俄罗斯"科教一体化"模式与借鉴研究》，哈尔滨师范大学论文，2012 年。
② 郜红晶：《俄罗斯创新型大学人才培养模式研究》，沈阳师范大学论文，2017 年。

负的任务。21 世纪初，紧跟着市场经济的发展，包含关联（Relevancy）、反应（Reaction）、关系（Relationship）、报酬（Reward）四个维度的 4R 营销理论陆续出现。日本研究型大学将这一理论应用到了人才培养中，在政府的推动下，使研究型高校与社会的联系更加紧密，实现产学研对接，共同发展。① "开放"两个字始终贯穿在日本的各个层面中，与美国为适应专业式培养而制定的多元化的教育目标取向不同②，日本的研究型高校以开放为关键，致力于培养复合型拔尖人才。

举例来说，日本东京大学一直坚持"学术自由、学习自由、教学自由、创新自由"的人才培养理念③。2003 年《东京大学宪章》中规定："东京大学以基于学术的自由，追求真理的探究和知识的创造。"其以建设引导世界和人类的综合性大学为目标，追求世界最高水准的教育，为构建良好的社会做出贡献④。为配合日本第五次科技强国计划，实现拔尖创新人才培养的目标，日本东北大学校长里见近也曾提出"要致力于为学生提供一个开放共享的环境，让学生能够成长为国际社会中发光发热的个体"。在多重鼓舞下，日本东北大学进行了一系列教育改革，积极寻求同国内乃至国外高校协同交流，为培养创新人才营造更加开放的氛围。

二、对我国的借鉴和启示

各国高校发展都有着自己的特色与实用性，德国高校"科教结合"的经验、美国高校学生科研活动的经验、俄罗斯高校"科教一体化"

---

① 郑军、杨岸芷：《日本研究性大学拔尖创新型人才培养的经验及启示》，载于《集美大学学报》2018 年第 6 期，第 45～48 页。
② 李祖超、杨淞月：《美日高校拔尖创新人才培养制度比较分析》，载于《中国高校科技》2011 年第 8 期，第 69～72 页。
③ 董泽芳、袁川：《国外高校成功培养创新型人才的经验与启示——以哈佛大学、牛津大学和东京大学为例》，载于《现代大学教育》2014 年第 4 期，第 26～32 页。
④ 熊庆年：《站在时代前沿迈向世界知识的顶点—东京大学的战略》，载于《清华大学教育研究》2007 年第 5 期，第 85～88 页。

的经验、日本高校"开放"与"合作"的经验都为我国高校创新型人才培养带来值得借鉴学习的经验与启示。具体来说各有启发，总体来说，我国"双一流"大学建设过程中，科学研究支撑创新型人才培养的基础就是要发展科教融合的办学模式，科学研究与教书育人之间联系紧密、不可分割，同时要保证学术自由，在开放自由中完成师生合作、校企合作、国际合作，在合作中推进高校向前发展。

（一）德国高校"科教结合"的经验借鉴与启示

德国高校有关科教结合的经验值得我们借鉴，因为我国当前同样致力于发展科教结合的高等教育体系。"科教结合、协同创新"，即高等院校、科研机构和企业联合培养人。1990 年以来，德国制订了"卓越大学计划"（以下简称"计划"），其主要目的是将"洪堡"时期的理想带回到大学中去。"计划"强调资助优秀的博士生和年轻人，向优秀的博士生提供高水平的实验设备，为学校内外的研究机构建立交流平台，为年轻研究人员创造足够的研究空间和学术自由，通过实践促使博士生和年轻研究人员在未来能够成为建设德国高等教育的主力。从人才培养角度看，"科教结合"有三个方面的启示：第一，为了满足国家及社会对创新型人才的需求，需要调整高校的教学内容和教学方法，争取高校教育与科学技术发展的最前沿相接轨；第二，用高水平的科研师资队伍形成对高质量创新人才培养的支持，基于其科学研究的过程与成果向学生传授创新思维方式和科学技术，引导学生独立发现问题、解决问题；第三，学生需要直接参与到科研实践过程中去，感受并理解获得的知识，以此培养自身的创新精神，挖掘自身的创新能力。

（二）美国高校学生科研活动的经验借鉴与启示

美国高校学生参与科研活动的形式多样，虽然部分项目是为优秀学生提供的，需要以成绩和项目申请报告为参考，但是也有一些项目可以供高年级和低年级的普通学生进行选择，多数高校会要求学生在高校读书期间能够获得一定的科研经验。在学生参与科学研究活动的机会充足、需求稳定的情况下，如何提高大学生科学研究的经费支持和资助是一个迫切需要得到解决的问题。政府及相关部门可以为大学生科研设立专项经费支持，也可以通过加强大学生科研的宣传，提高大学生科研在社会上的认可度，寻求企事业单位、社会团体以及个人等公益支持，为高校科研教育事业设立资助，以多渠道的方式支持大学生的科研发展。

目前，相较于美国，我国高校学生在科学研究的自主参与度上还具有较大的提升空间。我国大学生的问题意识、研究意识、创新意识、研究行动力等方面尚过于依赖教师的引导与协助，需要通过科研活动的组织与参与来提升学生的自主学习能力、独立研究能力与灵活创新能力。在当前"双一流"大学建设的新形势下，高校可以创造科研活动组织条件，鼓励学生积极参与科学研究，为大学生的科学研究活动提供稳定的资金支持与保障。高校在持续推进科学研究的过程中，除了重视教师、科研工作人员的研究成果产出，也要为在校大学生提供参与科学研究活动的机会，为学生提供专属于他们的科研经费支持。大学阶段的学生正处于最好的年华，无论是体力、精力、思维活跃度，还是整体可塑性等方面都可以为科学研究提供良好的保障，这也有利于新成果的产出和学生创新能力的培养。在高校学生教育过程中，教师应该对学生给予更多的信任与鼓励，学生参与科学研究，更有利于培养实用型、创新型人才。

（三）俄罗斯高校"科教一体化"的经验借鉴与启示

俄罗斯提出的"科教一体化"的新式教育理念，历经多年的实践研究和实际探索得到了逐步完善与发展。《2002—2006年俄罗斯联邦科学教育一体化发展纲要》对于俄罗斯的科学研究与高等教育，是一项至关重要的政策文件，在科教领域占据着重要的位置。纵观历史与当前，我国和俄罗斯在教育与科学研究领域存在较为紧密的联系，俄罗斯高校的科学研究与人才培养的经验值得关注与研究。在"科教一体化"的大环境下，为了支持高水平创新型人才的培养，俄罗斯政府在资金资助层面做了很多工作。俄罗斯政府对制订和执行创新教育发展计划的高校给予了大量政策支持，并投入大量资金，不断提高对创新高等教育发展项目的资助水平。其创新型大学的经费，除联邦拨款与地方政府拨款以及银行贷款与企业赞助之外，大学自己的一些创新性的科研成果也能转换成商业应用，以此获得经费来源。长此以往，高校拥有了更多的创新发展经费，为下一步的发展奠定了坚实的经济基础。高校的发展离不开政府的支持，但是也不能仅仅依靠政府的支持。高校科学研究的发展、创新型人才的培养都需要大量经费投入，但同时也会产出优秀的科研成果。俄罗斯如何调动高校自身发展的源动力，促使高校拓宽教育经费来源渠道，对于我国高校的整体发展也具有重要的借鉴意义。

（四）日本高校"开放"与"合作"的经验借鉴与启示

日本研究型大学的人才培养，一般会沿着一条"学习—研究—学习—研究"的发展道路展开。教授为研究生提供特定的选题，随后学生自行收集文献资料并进行学习，既保证导师大方向的引领，也保障学生开放学习的自由。高校人才培养需要鼓励学生独自探索问题，并通过创造性思维解决问题，提高学生探索积极性。目前我国大学生虽然大部分都能够完成培养方案的要求，但是挑战精神仍有待培养。我们可以借鉴日本高校"开放"式引导的经验，培养学生追问的习惯与能力，在科学研究中培养创新型人才。

合作才能共赢。当今世界是开放的世界，对我国高等教育来讲，增强同国际同类高校的沟通与合作是建设世界一流大学、培养拔尖创新人才不容忽视的做法。同时，加强与行业合作也会为高校发展注入新的活力，日本高校的"合作"经验值得借鉴与学习。高校作为人才的诞生地，需要充分发挥自身价值，加强行业合作，助力社会发展。北海道大学在其基本理念和长期目标中就明确指出，要培育具有开拓精神的"实用型人才"，这一理念追求拔尖创新人才的实用性和科学导向性。借鉴日本高校发展经验，我国高校也可以贯彻落实教育部关于加快研究型大学建设增强高等学校自主创新能力的若干意见,"鼓励研究型大学积极与企业合作,构建产业技术创新战略联盟,建设一批具有竞争力和影响力的科技成果转化基地和技术转移中心"[①],把市场、产业、创新与技术紧紧联系在一起,致力于培养高水平的创新型人才。

———————————

① 郑军、杨岸芷:《日本研究性大学拔尖创新型人才培养的经验及启示》,载于《集美大学学报》2018 年第 6 期,第 45 ~ 48 页。

第八章

案例分析：查尔姆斯理工大学

本章以瑞典查尔姆斯理工大学为例，从历史发展与理论分析两方面探讨其迈向创新创业型大学的成功发展之路。首先，从历史发展的角度，系统梳理不同历史时期该大学在创新创业型大学发展道路上的关键性举措及其人物，从宏观层面展现其发展脉络。其次，以新制度主义理论为分析框架，阐明其变革成功的深层原因在于该大学较好地实现了"制度化"，并对制度化的五个核心要素及其表征进行了逐一分析。查尔姆斯理工大学作为迈向创新创业型大学的成功案例，其发展历程经历了关键人物领导下的部落关系，社会资本积累与创业组织机制的完善，战略性管理推动下的全面创业转型三个阶段。从组织分析的新制度主义视角分析查尔姆斯理工大学转型的要素，可以看出完善的机构保障、健全的系统沟通、强有力的领导支持、有效的战略引领、良好的文化支撑是其成功的关键要素。上述五种要素由外而内分为"内核层—保护带层—外围层"三个层次，形成一个完整有效的创新创业型大学发展范式。这个范式不仅阐释了创新创业型大学转型的基本规律，同时也为我国创新创业型大学的发展提供了参考。

20 世纪下半叶，在大学教学科研与知识资本转化相结合的过程中，一种兼具本科教学和基础研究并直接服务于经济社会发展的新型大学——创新创业型大学悄然兴起。从知识的表现形式来看，创新创业型大学一方面继承了传统大学在知识生产与扩散方面的职能，另一方面又在高深知识的应用方面大有作为。根本原因在于，世界范围内知识的生产、扩散与应用的政策环境与制度文化发生了根本变化，大学仅依靠培养人才和科学研究已不能满足经济社会发展的现实需要，而必须在知识创新与应用方面更进一步，从而满足大学在市场逻辑与科学逻辑之间的调和。[1] 在创新创业型大学发展道路方面，伯顿·克拉克（Burton R. Clark）在《建立创业型大学：组织上转型的途径》（*Creating Entre-preneurial Universities: Organizational Pathways to Transformation*）一书中曾以查尔姆斯理工大学（Chalmers University of Technology，CTH）为研究对象，展开个案研究，从组织转型的视角阐明了创新创业型大学是如何形成的，并提出了转型的五种表现：强有力的驾驭核心、不断拓展的发展外围、多元化的资助基地、激活的学术心脏地带、整合的创业文化[2]。当考察了查尔姆斯理工大学华丽转身的背后，我们不禁会进一步思考：为什么这所学校能够突破种种风险，走上创新创业型大学的发展道路？在迈向创新创业型大学的发展道路过程中，究竟哪些因素起了关键性作用？围绕这些核心问题，本章在全面梳理查尔姆斯理工大学半个多世纪发展历程的基础上，从组织分析的新制度主义视角审视查尔姆斯理工大学转向创新创业型大学发展的内在动因与影响因素，希冀丰富与完善创新创业型大学理论，实现现代大学学科逻辑与应用逻辑的双重互动交往愿景，为我国创新创业型大学的发展提供参考和借鉴。

一、查尔姆斯理工大学创新创业型大学的形成之路

查尔姆斯理工大学位于瑞典第二大城市哥德堡，最初是由瑞典东印度公司董事威廉·查尔姆斯（William Charlmers）于 1829 年捐款兴建的一所工业学校。经过一百多年的发展，查尔姆斯理工大学逐渐从一所工

---

① 王建华：《创新创业：大学转型发展的新范式》，载于《南京师大学报（社会科学版）》2018 年第 5 期，第 24～32 页。

② 伯顿克·拉克：《建立创业型大学：组织上转型的途径》，王承绪译，浙江人民教育出版社 2003 年版。

业学校发展为一所以工程技术、自然科学和建筑学教育与研究为专长的大学，实现了该学校的第一次飞跃。作为一所既有文化底蕴又年轻有为的理工科研究型大学，查尔姆斯理工大学紧跟时代发展潮流，努力把握每一次大学变革的契机，不断为实现新的崛起向前冲刺。其在 20 世纪 60 年代起开展的一系列与创业有关的活动，标示着该大学向创新创业型大学的迈进。这种转变主要表现为两个方面：一是大学与社会的关系发生了改变，二是大学内部的组织结构进行了相应的革新。上述转变贯穿于查尔姆斯理工大学发展的始终，其过程可以分为三个阶段。

（一）关键人物领导下的部落关系（1960～1990 年）

初创期的创新创业型大学可视为是原有大学在创业职能方面的拓展或部分转化。此时，创新创业型大学的研究问题与研究目标仍由高校内部研究团体确定，并保持着研究型大学的基本结构与目标，但增加了鼓励知识向经济和社会用途转化的新机制。

1. 大学关键人物的引领

在查尔姆斯理工大学的初创期，卓越的决策者和领导者扮演者十分重要的作用。1964 年，知名电子学发明家托克尔·沃尔玛克（Torkel Wallmark）教授被任命为查尔姆斯理工大学电机工程学院固态物理系讲座教授，他一方面致力于科学实践领域的研究，另一方面致力于推动创新和创业活动的开展，从而成为查尔姆斯理工大学创业发展的首位推动者。为提升学生和年轻教师创建公司的热情与积极性，托克尔·沃尔玛克教授于 1979 年成立了创新中心（Innovation Centre），进一步鼓励学生开展创新与创业活动。创新中心的成立使查尔姆斯理工大学成为当时较早针对有创业意愿的学生和教师开设创业类课程的高校之一。有研究表明，1964～1981 年，查尔姆斯理工大学教职工的人均企业创办率仅略低于麻省理工学院，但仍比斯坦福大学的人均企业创办率高。[1]

---

① Douglas H. McQueen and Torkel Wallmark, "Spin-off Companies from Chalmers University of Technology," *Technovation* 1, No. 4 (1982): 305–315.

2. 激发学术组织创业的积极性

20 世纪 80 年代初，美国大学根据 1980 年颁布的《拜杜法案》（Bayh - Dole Act），设立了技术转移办公室（Technology Transfer Office，TTO），鼓励大学拥有来自联邦资助的专利和许可发明研究。世界上诸多国家参照美国的做法，通过立法鼓励大学进行相应的研究和发明。然而，查尔姆斯理工大学却采取了与众不同的做法。1983 年，查尔姆斯理工大学任命托克尔·沃尔玛克教授为创新工程中心（Innovation Engineering）学术讲座教授，由其负责该校本科和研究生的教学与研究工作，同时为大学开展的创新性活动提供指导。查尔姆斯理工大学围绕创新中心建立相关制度，得到了多数教师的认同和接受。[①] 从组织视角分析，查尔姆斯理工大学采取的是"自下而上"的做法，知识产权的所有权并没有掌握在学校手中，而是掌握在基层教职员工的手中，这种做法不仅有助于调动校内教职员工创新的积极性，而且有助于提升教职员工创业的概率。

3. 拓展大学与外部组织的联系

与创新中心类似，查尔姆斯理工大学还于 1969 年投资创建了工业管理和经济学系（Department of Industrial Management and Economics）并任命企业家霍尔格·博林（Holger Bohlin）教授作为系主任，从此，查尔姆斯理工大学正式建立起与创新和创业有关的教育和研究活动。[②] 1984 年，查尔姆斯工业技术基金会（Chalmers Industrial Technologies，CIT）成立，旨在加强研究人员和工业界之间的联系与合作，促进基础研究的商业化进程，提高技术转化效率。此外，查尔姆斯工业技术基金会还通过建立孵化器和种子融资者，将工业界与校内的创新中心进一步连接起来。上述种种举措反映出查尔姆斯理工大学与企业、社会组织之间的联系正在变得日益紧密，而这种紧密联系也为查尔姆斯理工大学的

① Torkel Wallmark, "Inventions and Patents at Universities: The Case of Chalmers University of Technology," *Technovation* 17, No. 3 (1997): 127 – 139.

② Ray Oakey et al., *New Technology – Based Firms in the New Millennium* (Bingley: Emerald Group Publishing, 2010), 33 – 50.

创业活动打下了良好的基础。

（二）社会资本积累与创业组织的完善（1990～2000 年）

创新创业型大学的形成与转化过程，伴随的是学术活动的"外部"参与。此时，大学开展的研究问题已不再由校内研究人员单方面确定，而是需要校内研究人员同校外合作者共同商讨确定。与此同时，大学也已开始考虑基础研究的外在经济价值和社会使用价值，并采取一定措施确保研究成果的使用和转让。

1. 注重社会资本的积累

20 世纪 90 年代初，瑞典政府力图通过增加大学自治权重振瑞典大学的发展，并开展了公立大学私有化运动。在此背景下，查尔姆斯理工大学申请由公立大学转变为由强大基金会支持的私立大学，1994 年查尔姆斯理工大学正式被基金会收购，成功转变为一所私立大学。与此同时，查尔姆斯理工大学积极拓展与社会各界的联系，不断积累社会资本。典型代表有史丹纳基金会（Stena Foundation）捐款 500 万欧元创立的查尔姆斯创新孵化器（Chalmers Innovation），查尔姆斯投资公司（Chalmersinvest Inc.）出资 20 万欧元建立的初创企业种子资金。上述组织的建立进一步增进了大学与企业之间的联系，查尔姆斯理工大学作为创新创业型大学的影响力也在不断增强。①

2. 设立创业组织机构

20 世纪 90 年代中期，创新中心与工业管理和经济系合并组建为新的技术管理与经济学院（School of Technology Management and Economics），瑟伦·乔兰德（Sören Sjölander）教授接替托克尔·沃尔玛克教授担任新建学院主要负责人。瑟伦·乔兰德教授利用查尔姆斯工业技术基金会所拥有的校企合作资源，创立了种子融资公司、风险投资公司、孵化器和创业学院等组织机构，目的是为高成长企业的发展提供良好的环

---

① Stephen A Merrill and Anne – Marie Mazza, *Managing University Intellectual Property in the Public Interest*（Washington，DC：National Academies Press，2010），42.

境，进一步推进大学创业活动的发展。与此同时，查尔姆斯理工大学还继续抓住创新和创业的机会，采取多种措施相继设立了专利办公室、大学—产业合作研究中心、工程研究中心等组织机构。

3. 创立查尔姆斯商学院

1997 年，瑟伦·乔兰德和梅茨·伦德奎斯特（Mats Lundqvist）还共同创办了查尔姆斯商学院（Chalmers School of Entrepreneurship）。该学院作为查尔姆斯理工大学重要的创业教育组织，不仅承担了全校学生的创业课程，也负责相关创业活动的组织与管理。研究发现，在查尔姆斯理工大学的创业活动中，由商学院开展的创业活动占了全校创业活动的 27%，远高于乌普萨拉大学（Uppsala University）、皇家理工学院（Royal Institute of Technology）、林雪平大学（Linköping University）等瑞典知名高校。[①] 此外，查尔姆斯理工大学创业学院还开发了基于行动的创业教育学（action-based venture creation pedagogy），基于行动的创业教育学有助于摆脱传统教育中基于经验的人才培养理念，弥补传统创业教育中理论与实践相脱节的问题，从而为学生跨越创业中的"死亡之谷"（valley of death）做准备。[②]

（三）战略性管理推动下的全面转型（2000 年至今）

创新创业型大学是以科技园、研究机构和衍生企业为基础建立起来的大学。在此阶段，以知识为基础的经济活动推动学术的发展，而学术又以实践活动为基础并与之紧密相连。[③] 目前，创新创业型大学在推动区域经济发展以及创造就业方面显示出了巨大的潜力，正在成为现代社会的轴心机构。

---

① Mats Lundqvist，"The Importance of Surrogate Entrepreneurship for Incubated Swedish Technology Ventures," *Technovation* 34，No. 2 (2014)：93 - 100.

② Susanne Ollila and Karen Williams – Middleton，"The Venture Creation Approach：Integrating Entrepreneurial Education and Incubation at the University," International Journal of Entrepreneurship and Innovation Management 13，No. 13 (2011)：161 - 178.

③ Christian Schwarzkopf，*Fostering Innovation and Entrepreneurship* (Karlsruhe：Springer Gabler，2016)，1 - 3.

1. 推行战略性管理

21世纪伊始，查尔姆斯理工大学管理人员着手制定发展战略，进一步推动查尔姆斯理工大学向创新创业型大学的转变。首先，大学将创新和企业家精神转化为创新中心运营一系列的教育活动，并融于技术管理与经济系、创业学院等。同时，查尔姆斯理工大学又建立起一系列外围性的创新体系结构，如查尔姆斯工业技术基金会、查尔姆斯创新孵化器等。2001年，瑞典成立了国家创新系统机构VINNOVA，作为以创新为目的的国家级研发推动机构。该机构拥有1.5亿欧元的年度预算。[①] 2006年，VINNOVA推出了为期8年的资助计划——关键行动者计划（Key Actor Program），该计划共有5个项目，旨在全面资助瑞典7所大学创新创业活动的开展。其中，查尔姆斯理工大学和哥德堡大学（University of Gothenburg）共同获得GoINN项目600万欧元的资助。该项目一方面致力于改进线性创新过程的早期阶段，另一方面致力于帮助研究团队围绕其从事的研究建立智力资本。其中，改进线性创新过程目的是在商业化战略制定之前的早期阶段，加强孵化和种子融资之间的衔接，真正做到无缝衔接。而建立智力资本的目的在于为创业团队开展创新创业活动提供全方位地支持，主要措施包括吸引更多创新顾问和法律顾问，开发并采用知识资产评估工具，建立知识产权转移研究中心等。在战略性管理以及GoINN项目的推动下，查尔姆斯理工大学的组织技术发生了变化，大学传播、创造和应用知识的活动不是单独地进行，这三种活动已经被紧密地整合在了一起。

2. 大学创业活动的转型

自实施GoINN项目以后，查尔姆斯理工大学的创新与创业氛围得到了显著改善。2013年，查尔姆斯理工大学已基本将创新的使命融入整个大学治理结构体系当中，并在建筑环境、能源、信息和通信技术、生命科学工程、纳米科学与技术、材料科学、生产加工、交通运输八个领域取得了领先地位。目前，查尔姆斯理工大学的风险企业创业几乎占

---

① Merle Jacob et al, "Entrepreneurial Transformations in the Swedish University System: The Case of Chalmers University of Technology," *Research Policy* 32, No. 9 (2003): 1555–1568.

了全瑞典风险企业创业收入的近一半,具有举足轻重的地位。这主要得益于创业活动在大学中地位与角色的变化。① 从创业活动与研究的关系以及大学对研究人员开展商业化活动的态度两个维度构建分析框架,可以将大学创业活动划分为四种模式,如图8-1所示。

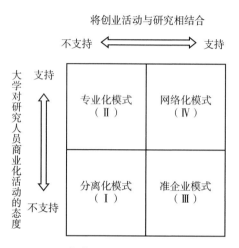

将创业活动与研究相结合

不支持 ⟷ 支持

大学对研究人员商业化活动的态度

支持

| 专业化模式
(Ⅱ) | 网络化模式
(Ⅳ) |
| 分离化模式
(Ⅰ) | 准企业模式
(Ⅲ) |

不支持

图8-1 大学开展创业活动的四种模式

第一种模式称为分离化模式(Institutional Separation Model),此时大学开展的研究镶嵌于产业研发当中,研究人员对创新的作用也是间接的。第二种模式称为专业化模式(Specialization Model),主要表现形式为大学技术转移办公室的设立,大学通过政策支持创新活动的开展,但由于创业活动与研究自身仍存在距离,研究人员在创新方面发挥的作用仍十分有限。第三种模式为准企业模式(Quasi-firm Model),即大学研究人员所从事的研究逐渐与产业背景相脱离,研究人员开始自主从事创业活动,研究人员内部发展成为准公司。第四种模式为网络化模式(Network Model),这种模式进一步深化研究与创新的一体化,创业任

① Lene Foss and David V. Gibson, *The Entrepreneurial University: Context and Institutional Change* (London: Routledge, 2015), 113-130.

务也开始成为研究人员网络活动与日常工作的一部分，包括创办大学衍生企业等。[①] 查尔姆斯理工大学在迈向创新创业型大学的道路上并没有像多数大学一样遵循"Ⅰ→Ⅱ→Ⅳ"的传统路径，而是开辟了"Ⅰ→Ⅲ→Ⅳ"发展的新路径，即首先从分离化模式走向准企业模式，解决高校创业内外的开放性问题，积极拓展学科组织与社会机构之间的互动合作，然后从准企业模式过渡到网络化模式，实现单个学科产学研结合到多学科产学研结合的转变，成功向创新创业型大学转型。

二、查尔姆斯理工大学创新创业型大学转型的核心要素

对查尔姆斯理工大学发展历程的分析显示，研究成果商业化、大学技术转移、创办衍生企业、校企合作关系的加强等都是创新创业型大学形成与发展的主要标志。下文从组织分析的新制度主义视角分析创新创业型大学的发展和转型问题，并探寻转型的核心要素。

新制度主义认为："制度是为社会生活提供稳定性和意义的规制性、规范性和文化—认知性要素，以及相关的活动与资源。"[②] 由此可见，制度蕴含着丰富的内涵，并揭示出其拥有的符号性要素、社会活动和物质资源构成的一系列社会结构。较之传统社会学中"制度分析"与"文化分析"予以区分的现象，理查德·斯科特对制度的阐释弥合了制度与文化之间的界限，将文化本身也界定为制度的范畴之内，这体现了新制度主义高度重视制度文化—认知的理论特质。从制度的学理逻辑来看，抽象的文化与有形的组织、规则之间并非是"绝缘"的，而是存在着紧密的联系。基于此，"制度化"的过程大致可以归纳为三个方面：一是确立共同的价值观念，二是制定相应的规则与规范，三是建立起的组织机构。基于新制度主义中对制度的诠释，查尔姆斯理工大学向

---

① Henry Etzkowitz, "Research Groups as 'Quasi-firms': The Invention of the Entrepreneurial University," *Research Policy* 32, No. 1 (2003): 109–121.

② W. 理查德·斯科特：《制度与组织——思想观念与物质利益》，姚伟、王黎芳译，中国人民大学出版社 2010 年版，第 56 页。

创新创业型大学的转型可以被视为"制度化"的构建,它不仅包含大学内部组织机构与权力体系的确立,而且涉及大学与外部利益相关者的协调与合作,可以说创新创业型大学的转型过程意味着大学在新的理念指导下重新定义了大学的组织、制度与文化。[①] 具体而言,其主要包括组织机构(Structure)、组织系统(System)、组织领导(Leadership)、组织战略(Strategy)和组织文化(Culture)五种要素,如图 8 - 2 所示。其中,组织机构是大学制度化的外在表征和主要依托,组织系统是大学结构与行政之间沟通的纽带,组织领导是制度化过程中起重要推动作用的力量,组织策略是规划中制定的制度目标,组织文化是机构、部门和个人的态度和规范。上述五种要素与环境产生互动影响,既能够涵盖新制度主义制度概念中规则、规范和文化—认知的基本构成,同时也由外到内反映了创新创业型大学转型的递进关系。

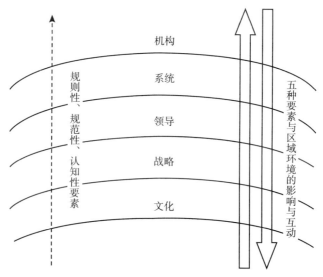

图 8 - 2 创新创业型大学转型的五种要素层次关系

---

① W. Richard Scott, *Institutions and Organizations: Ideas, Interests, and Identities* (Thousand Oaks: Sage Publications, 2014), 55.

（一）完善的机构保障

机构是组织发展、完善到一定程度，在其内部形成的结构严密、相对独立，彼此传递或转换物质、能量和信息的系统。机构作为创新创业型大学转型的主要依托，对创新创业型大学工作以及组织内各部分之间的关系有着明确的规定。[①] 在组织机构方面，查尔姆斯理工大学凭借拥有的独立法人地位以及相当程度的自主权和多元化的办学资金来源，建立了一系列创业平台、创业孵化器、创业中心等实体性机构。1960—1990 年，查尔姆斯理工大学核心的创业机构主要包括创新中心和工业管理和经济学系等。此外，查尔姆斯理工大学还为技术研究产业化的教师们提供了非正式的支持，创新工程中心的建立就是典型代表。到 20 世纪 90 年代中后期，新的技术管理与经济学院与查尔姆斯商学院也相继成立。虽然大多数发达国家采取了以《拜杜法案》为导向的发展策略，但瑞典的大学仍将知识产权制度保留在教授手中，其先后创立了大学孵化器、种子投融资平台和创业学院等。当前，查尔姆斯理工大学将在创新与创业方面采取更多的行动，更加关注研究人员创新活动与智力资本建设（intellectual asset-building）活动，将创新办公室作为整体协调的中心，负责全校创业能力的发展。

（二）健全的系统沟通

在创新创业型大学制度化形成的过程中，"系统"反映的是大学内部之间以及大学内外部之间的沟通网络以及连接关系。创新创业型大学的形成加强了大学与社会的沟通与交流，大学在为产业提供服务的创业活动中，不仅使自身的学科与专业得到了发展，同时也提高了大学的学术水平和研究实力。查尔姆斯理工大学"系统"的形成最初始于非正式网络作为一个行业逐步进入科学研究领域，典型代表为创新中心和查

[①] W. 理查德·斯科特、杰拉德·戴维斯：《组织理论：理性、自然与开放系统的视角》，高俊山译，中国人民大学出版社 2011 年版，第 20～21 页。

尔姆斯工业技术基金会的成立。① 随着孵化器和种子投资者的确立，系统越来越关注于风险资本和天使投资人。直到 2006 年 GOINN 项目的启动，标示着研究和技术已经高度融合，并正在形成一个新的网络模型。大学与企业之间的合作面临着前所未有的技术商业化的挑战，以至于这类整合不得不让查尔姆斯理工大学大学内部的组织发展得以重新思考。时至今日，查尔姆斯理工大学的系统建设更多倚靠创业所生成的生态系统，即鼓励高校学生开展创业活动的行动不仅依靠创业学院单方面的努力，同时还需要企业、政府、社会组织等多方面主体的作用，形成有机统一整体，实现良性循环发展。

（三）强有力的领导支持

核心领导的能力与权威，是查尔姆斯理工大学成功迈向创新创业型大学并跻身世界顶尖大学前列的重要条件。首先，核心领导应具备较高的学术成就，以及国际公认的学术水平。只有高学术水平的领导者才能理解大学的使命、愿景和理念，才能够在负责知识创造的同事中获得权威和合法性，从而带领大学奔向既定的目标。其次，核心领导还需具备管理成功企业一样的管理能力，这样才能在竞争的环境中为大学赢得生存和发展空间。查尔姆斯理工大学安排专业性强的教授在组织内担任领导职务，并采取相应的激励措施使他们为组织作贡献，取得了良好效果。如查尔姆斯理工大学先任命托克尔·沃尔玛克教授为电机工程学院固态物理系讲座教授，由其推动创新和创业活动的发展，接着又任命其为创新工程中心的学术讲座教授，负责本科和研究生的教学和研究工作，为全校提供相关创新性活动的指导。此外，查尔姆斯理工大学又任命瑟伦·乔兰德作为托克尔·沃尔玛克的继任者担负起学院领导的重任，并创立了重要的创业支持机构，包括创建于 1994 年的全瑞典第一

---

① Fawaz Saad and Hamid Alalwany, "Creating Entrepreneurial Universities: The Swedish Approach of Transformation," *International Journal of Educational and Pedagogical Sciences* 9, No. 10 (2015): 2693 – 2700.

家美式风险投资公司、创业学院、种子投资者、创业孵化器等，这一系列举措凸显了学校在人员任用方面的专业性。

（四）有效的战略引领

查尔姆斯理工大学作为企业家精神和创业活动的早期领导者，一方面得益于强有力领导的支持，另一方面得益于其在学校层面制定与实施的战略规划。这种战略规划主要通过规划文件、激励结构和政策等制定的具有全局性、引领性和预见性的体制目标等。[①] 查尔姆斯大学创新创业的战略规划可以追溯至 2001 年，这一战略明确了查尔姆斯理工大学作为创新创业型大学的角色定位，其使命是将大学内的知识推广并应用于全社会。与此同时，该战略也进一步规定了大学知识转移的多种形式，包括风险投资、许可、开放创新和合作研究等。虽然查尔姆斯理工大学已经制定出多种发展策略，但是此举起初并没有得到校内多数教师的关注。直到 2010 年创新办公室（Innovation Office）成立并开展实施更为系统的工作，创新和创业的战略才真正在研究人员和部门之间得到重视。目前，支撑查尔姆斯理工大学发展与行动的战略理念是追求卓越、热爱探究、传播知识、走向现实。

（五）良好的文化支撑

组织文化是创新创业型大学制度化的深层基础，也是创新创业型大学不可或缺的组成部分。组织文化是指组织内成员在一定程度上共同认可的价值、信念和期望。正如保罗·迪马吉奥（Paul DiMaggio）所说："文化是隐藏在组织背后更为隐晦但极为关键的规范性约束和价值标准，它弥合了组织与社会的关系，同时也是推动组织发展的源动力。"[②] 埃

[①] Jen Nelles and Tim Vorley, "From Policy to Practice: Engaging and Embedding the Third Mission in Contemporary Universities. International Journal of Sociology and Social Policy," *International al Journal of Sociology and Social Policy* 30, No. 7/8 (2010): 341 – 353.

[②] Paul DiMaggio, "Structural Analysis of Organizational Fields: A Blockmodel Approach," *Research in Organizational Behavior* 8, No. 8 (1986): 335 – 370.

德加·沙因（Edgar H. Schein）认为："文化包括组织对自己以及所在环境关系的基本设定，这些要素互相交织成一个大体相容的理论，引导组织中政策和战略的实现。"[①] 一般来讲，大学的组织文化通常表现为三个层面：即个人层面（individual）、院系层面（departmental）和制度层面（institutional）。其中制度层面的文化处于较高层次，它是个人文化和院系文化长期沉淀与不断积累的结果，能够更深刻地推进组织的转型和发展。查尔姆斯理工大学之所以成功向创新创业型大学转型，一方面体现在学校领导者和主要负责人对创新和创业的态度，另一方面体现在全校师生对自主创业强烈的认同感以及学校长期形成的进取传统。正是这种良好的文化使"企业家精神"引入大学并不断整合成为学校创业文化的一部分。

三、启示

创新创业型大学将诸多不同的科学学科、技术领域和产业部门的战略融合在一起，相互协调，加速了知识创新向知识应用转化进程，使创新创业型大学在价值观念和组织机构等方面呈现与传统大学与众不同的姿态。[②] 查尔姆斯理工大学的价值观、组织机构、创业文化等可以被称为创新创业型大学的典范。其发展范式总体分为三个层次，第一个层次是内核层次，即文化支撑。它体现的是查尔姆斯理工大学创业使命的实现与价值旨归，也是查尔姆斯理工大学存在和发展的根本理由，大学各种能力的建构与措施安排以此为依据。第二个层次是中间过渡层次。该层次的任务是保障查尔姆斯理工大学创业使命的实现，主要包括战略引领和领导支持，它体现为创新能力、创业能力与人才培养能力三方面能力的构建，是各类具体办学措施的目标指向。第三个层次是外围层次，

---

① Edgar H. Schein and Peter Schein, *Organizational Culture and Leadership* (San Francisco: John Wiley & Sons Inc, 2016), 5.

② 亨利·埃兹科维茨、劳伊特·雷德斯多夫：《大学与全球知识经济》，夏道源译，江西教育出版社1999年版，第4~7页。

主要涵盖创新创业型大学的具体措施，可以概括为机构保障与系统沟通，其具体措施并不固定，而是不断适应变化的具体环境，最终通过推动和支持能力建构，完成办学使命。这三个层次由外而内逐步深化，形成一个完整有效的创新创业型大学发展范式，为世界各国建设创新创业型大学提供了可资借鉴的经验。

正如克拉克·克尔（Clark Kerr）所言："大学从'村庄'，到'乡镇'，再到'城市'的发展过程，无论规模结构如何改变，都不能失去'大学之用'——大学是一个'才智之都'，为社会提供更好地知识、更高的技能，并且它们今天和未来变得更加重要了。"① 创新创业型大学作为一种突破传统大学发展模式的新兴大学，有着区别于传统大学的典型特征，它们更多地卷入市场，开展一系列具有市场行为特点的活动，包括院校和教学科研人员为了获得资金而竞争，这些资金多来源于外部资金和合同、产学合作企业以及衍生公司等。② 当前，"双一流"建设已成为我国高等教育发展的重要战略之一，它要求大学结合自身发展，在满足社会多样化需求过程中走多样化发展之路。创新创业型大学的发展强调结合社会的多样化、开放性需求进行创新、改造与突破，在合作和应用中生产知识并运用知识，获取自身发展，这与"双一流"建设的内在旨意不谋而合。可以预见，创新创业型大学为"双一流"建设背景下大学的发展提供了一种重要的选择，同时也为我国大学的多样化发展提供了新的机遇与方向。

---

① 克拉克·克尔：《大学之用》，高铦译，北京大学出版社 2008 年版。

② Richard Münch, *Academic Capitalism Universities in the Global Struggle for Excellence*（New York：Taylor & Francis Group，2013），38–66.

第九章

科学研究支撑"双一流"大学创新型人才培养的具体路径

"双一流"大学的发展离不开科学研究作为支撑，同时也会在高校发展的过程中产出更多优秀的科研成果，进而促进我国经济社会发展。"双一流"大学的发展本质上是通过培养更多顶尖的创新型人才来进一步推动我国高等教育的发展，推动我国科学研究事业建设，促使我国从教育大国向教育强国转型，进而推动我国综合实力的提高。英国教育学家纽曼在《大学的理念》中曾提出："大学是传授普遍知识的地方，而非狭义的专业知识。大学教育的目的是培养有识之士，而不是教授谋生手段。"在"双一流"大学建设高校发展过程中，大学建设需要回归教育本质，需要通过有效的管理、积极的引导、明确的规划来实现大学建设的目标。科学研究支撑"双一流"大学创新型人才培养的具体路径主要在教育主管部门的督促、高校的自身发展与约束、教师创新型人才培养、学生创新型人才培养四个方向来进行探索与分析，进而得到较为具体的路径选择。

一、教育主管部门督促"双一流"大学建设的具体路径

如果将"双一流"大学建设的推动因素划分为宏观、中观、微观三类，教育主管部门的督促就是"双一流"大学建设的宏观推动因素。

教育主管部门对于高校的发展建设起到重要的指导、引导、监管作用，教育主管部门能否做到高效的监管，对"双一流"大学建设的整体走向会有较大影响。"双一流"大学建设目前仍处于起步发展阶段，虽然已见雏形，但是仍处于成长状态，还需要教育主管部门在遴选、评价、动态管理、政策与经费支撑等多个方向给予具体的督促与指导。

（一）构建明确的"双一流"大学遴选体系

"双一流"大学建设的首要发展基础，就是需要确定哪些高校可以作为"双一流"大学建设高校，确定哪些高校属于世界一流大学建设高校，哪些高校可以作为世界一流学科建设高校。首批"双一流"大学建设高校，多数为原"985 工程"或"211 工程"建设高校，世界一流学科包括综合评估出的世界一流学科，也包括一些学校的自定学科。虽然选出的高校和学科都处于我国高等教育发展的前列，但是"双一流"大学的遴选并没有形成一套完整的体系。构建明确的"双一流"大学遴选体系对于激励"双一流"大学发展具有积极意义。"双一流"大学建设高校名单会随着高校的发展而得到更新。拥有明确的大学遴选体系会为高校的发展提供一个总体的发展方向，已经在建设名单中的高校可以参照遴选体系自我反思，确保高校发展质量；尚未在名单中的高校可以参照遴选体系而不断努力，争取早日加入"双一流"大学建设名单之中。"双一流"大学遴选体系需要得到明确的建立。

"双一流"大学遴选体系的建立需要综合考虑高校的自主申报意愿、高校的资源匹配程度、高校的科研发展水平、高校发展在地区发展中所做贡献、高校在同行业中的认可程度、高校的国际影响力、高校学科发展的总体与具体水平、高校的社会影响力、高校毕业生的发展情况等多项参考指标。"双一流"大学的遴选需要考虑的指标众多，遴选环节就要清晰。"双一流"大学遴选体系具体可以包括以下几个方面。

1. 高校自主申报与基础自评

"双一流"大学建设的遴选，首先需要满足高校自愿申报原则。自愿申报实际上也是一种自查，高校可以综合审视学校发展现处于何种阶段，存在哪些发展优势，又有哪些发展劣势。自主申报的过程实际上就是一种引导高校改革发展的新动力。高校自主申报，可以打破申报材料形式的僵化要求，允许高校根据自身的发展特色来提交申报材料，无论是对学科的评价，还是对学校的综合评价，自主申报可以促使高校明确自身的发展定位。高校的自主申报材料中包括对高校人力资源、经费资源、科研资源、育人资源、学科发展、创新人才培养情况的介绍，也包括具有自身特色的对地区发展所做的贡献、高校的社会影响力、国际影响力、产学研相结合发展情况等特色发展方面的介绍。高校自主申报材料要严格遵守真实性原则，教育主管部门发现造假绝不姑息；但是申报材料不排除特色性，除了常规的评价指标的考察之外，也要为高校"双一流"大学申报提供自我评价的机会，促使"双一流"大学遴选可以充满活力且最接近高校发展的实际情况。最了解高校发展程度的，实际上就是高校本身，建立严格的监管体系，为高校提供自评机会，有利于高校提升自我认知，也利于遴选更符合"双一流"大学建设标准的高校加入建设队伍。

2. 教育主管部门组织审核评估

高校准备好申报材料，并按期提交后，需要教育主管部门组织审核评估。组织审核评估不是教育主管部门工作人员单方面地对高校的申请材料进行审核，而应包括根据申请材料所涉及的评价指标进行区块划分，根据不同属性的指标，组织专业机构和专家进行评估审核。为了保证审核评估的公平性和专业性，教育主管部门可以根据指标的不同属性分别组织评审，也可以分别选择实名审核和匿名审核，通过加权评估分数来最终统计高校排名，进而得到最终结果。如对高校的经费、资产的审核可以与财政部门配合审核；对高校科研资源、育人资源、学科发展、创新人才培养情况等可以委托第三方评价机构和教育主管部门组织的专家组进行综合评估；对高校对所在地区的贡献程度，可以向高校所在地区求证，并根据贡献程度定级；对高校的文化建设可以组织专家入校考察；对于国际影响力的评估可以组织统一的国外调研统计；对高校的特色发展要加以鼓励，可以视特色发展的综合潜力，在合理区间内适当加分。教育主管部门如果可以规范对"双一流"高校进行评价的各项指标，并能够对应地组织好评估队伍，对"双一流"大学遴选体系的建立将起到良好的推动作用。

3. 高校同行业互评

"双一流"大学建设高校的遴选，也需要同行业的互评，需要听到同行业者的声音。不同的高校在互评过程中也可以互相学习，促进高校更加深刻地认识自身的发展情况。在"双一流"大学遴选过程中，相关部门可以组织提交申报材料的高校派出代表进行高校发展情况汇报，汇报结束后可以组织分会场讨论，将发展方向、主要发展学科相似、地区相近的高校组织在一起讨论交流，最后发起匿名打分，根据对各高校的打分情况汇总、平均再加权，确定高校同行业互评阶段各高校的评估分数，计入高校遴选评估总分当中。高校同行业互评的专业性、科学性不容忽视，无论是哪个行业都需要行业内部的交流、学习、竞争，高校发展虽与企业不同，不是以营利为目的，但是高校发展同样不能孤立于众、独立发展，也需要在交流、评价中相互学习、取长补短。同时，高校同行业互评也是对高校遴选工作的有力监督，通过同行业间的互评，各高校对其他高校的发展情况也有大致了解。

4. 社会影响力测评

社会影响力测评是对高校的社会知晓度、社会认可度、社会评价美誉度的一种综合评价。社会影响力可以包括高校发生的大事在媒体上报道的数量和级别；可以包括普通民众对高校的认知情况；可以包括在校学生、毕业学生、备战高考的考生及家长、各类企业人力资源部门对高校的评价情况；也可以包括科学研究机构对高校的科研发展的认知与评价等。教育主管部门可以通过问卷、媒体报道数据统计等方式来展开社会影响力测评。社会影响力测评也许不及教育主管部门组织的审核评估、高校同行业互评专业性强，却是对高校的文化发展、师德师风建设、人才培养的社会认可度、科研发展的口碑等"软实力"的最好评估方式。"双一流"大学遴选体系建设，不应该缺失社会影响力测评，而且这种测评不应局限于专家团队，也不应局限于书面材料的定性定级，而应将这个权利交还社会，真正实现通过社会各界的评估来呈现高校真正的社会影响力。

5. 国际评估机构评价指标参照

"双一流"大学建设是建设世界一流大学和世界一流学科，要达到世界一流不能忽略国际评估机构的评价指标。我国"双一流"大学建设的是具有中国特色的世界一流学科和世界一流大学。世界一流的标准到底是什么，世界一流的常态化评估与我国特色学科、特色高校发展无法对接的指标又是什么？这些评估指标需要尽快得到梳理和正视。虽然我国已经开始重视高校及学科发展特色，但是如何将我国具有特色的学科和高校让世界真正了解和认同，还需要在国际评估中建立具有我们国家特色的评估指标，需要形成属于我们的国际话语体系。"双一流"大学遴选需要结合目前已经成熟的世界评价指标进行评估，也需要逐渐梳理我国具有本国特色的学科和高校发展的特色评价指标，并逐渐形成客观、科学的评估标准，逐渐地向世界推广和介绍，通过严谨的评估和国内评估机构的发展来逐步形成对我国特色学科与高校发展相对公平的评估指标与话语体系。

以上关于"双一流"大学遴选体系的论述，虽尚不能完全满足我国"双一流"大学遴选的实际操作，但是也给出了一定的建议和思路。构建明确的"双一流"大学遴选体系需要得到教育主管部门的重视，并尽快梳理各项评估指标，在实际评估的过程中对评估指标进行增补替换，在实践中完善遴选体系。教育主管部门不仅要做好本国"双一流"大学的遴选，也要通过遴选体系的逐步建立来逐渐建立属于我国的高校评估话语体系。

（二）形成完善的"双一流"大学评价体系

"双一流"大学建设需要继续完善"双一流"大学评价体系，这有利于对高校发展进行督导与监管。"双一流"大学建设名单确定后，名单所列的高校会在各方支持下，按照既定的学校发展规划向前发展，但是发展成效如何却不能一概而论。由于"双一流"大学建设仍处于起步阶段，虽然有一定的政策文本作为参考和要求，但是如何评价高校的实际发展并没有形成比较成熟的评价体系。如果说"双一流"大学遴选体系是对高校是否符合"双一流"建设标准的准入测评，那么"双一流"大学评价体系就是对已经列入"双一流"大学建设高校的一种过程评价，是对高校的客观评价与督导。

　　"双一流"大学评价体系的建立是一种由外至内的评价，既要包括教育主管部门的直接评价与管理，也要包括第三方评价机构的评价。由于教育主管部门对于高校而言既是管理者也是评价者，这样的评价在一定程度上占有可以直接参与评价过程、获得及时评价结果的优势。但是管理者和评价者为同一个主体，也容易出现不能更加全面、客观、独立审视评价的问题。在未来的高校评价发展过程中，"管办评"分离的发展趋势不容忽视。"双一流"大学评价体系的建立也要重视这一点，需要为教育评价机构的发展提供发展空间，允许建立第三方教育评价机构，并鼓励民间建立第三方教育评价机构，鼓励民间资本支持教育评价机构的建立与发展。要尽量避免教育评价机构虽已建立，但是班子组成成员为教育主管部门管理者同时兼任的情况。因为如果人员不变，只是单独建立评价机构，教育主管部门工作人员一人分任两种角色，其实与由教育主管部门直接进行评价没有本质区别，此种情况下单列的评价机构实则不能提高资源的利用效率与评价的科学性与高效性。第三方教育评价机构应由专业的评价管理人员组成，并且成员愿意且能够进行专业培训与学习，可以为"双一流"大学提供完善的评价体系。当然，这并不意味着教育主管部门就不应该参与高校建设评价，而是应将评价体系的建立与实施由第三方教育评价机构完成，同时教育主管部门根据第三方教育评价机构给出的评价结果结合实际再对高校的发展进行指导，对"双一流"建设大学的发展方向给予指引，对发展中出现的问题提出改进建议，适当帮助。教育主管部门、高校、第三方建设机构共同努力，形成合力，进而形成完善的"双一流"大学建设评价体系，促进"双一流"大学建设向前推进和发展。

（三）落实"双一流"大学建设的动态化管理

在《统筹推进世界一流大学和一流学科建设实施办法（暂行）》中，第五章"动态管理"明确写出：关于"双一流"大学建设要加强过程管理，实施动态监测，及时跟踪指导。动态管理既包括对高校身份固化的改变，也包括有进有出的动态调整机制的提出。根据高校的发展情况，动态调整对高校经费支持的力度会进行动态调整，对于发展态势良好，甚至超出计划发展目标的高校要增加经费支持；对于发展迟滞不前的高校要适当减少经费支持。教育主管部门能够明确提出对"双一流"大学建设进行动态化管理，是一种突破性的进步。高校发展不再因为属于某一类发展高校就可以一劳永逸地享受优质资源支持。根据实际发展情况进行动态化管理，所获资源支持与自身实力成正比，是对高校的良好监督与激励。同时，这也是一种竞争性管理，高校发展不再只有进口没有出口，有利于激励高校认清不同发展阶段中高校本身所处的位置，"双一流"大学建设高校是有变动可能的，更有利于高校居安思危，在动态化管理过程中不断完善自身发展。在动态化管理过程中，很重要的一点是如何落实动态化管理。有了指导意见，就需要妥善落实，落实"双一流"大学建设的动态化管理的基础就是形成"双一流"大学遴选体系和评价体系，在遴选过程为尚未加入"双一流"大学建设队伍的高校提供机会，在评价过程中为已经加入"双一流"大学建设队伍的高校提供评价与建议、变更支持力度、形成退出机制。"双一流"大学建设过程中，教育主管部门需要定期组织遴选和评价，也要不定期地随机抽查高校发展情况，通过落实动态化管理来进一步激发"双一流"高校建设的活力。

（四）给予"双一流"大学建设政策与经费支持

我国"双一流"大学建设高校多数都是公立高校，民办高校的发展仍在蓄力当中，相信在"双一流"大学的发展道路上，民办高校也会拥有向世界一流高校发展的机会与动力。在目前的发展情况来看，高校的经费主要源于中央财政支持或者地方财政支持，也包括一定的高校事业性收入和捐赠等收入。虽然国家和地方对高校的经费支持都比较充足，但是由于涉及的发展学科不同，有些学科的发展与建设需要大量经费支持，有些学科发展与建设需要政策的支持，国家和地方教育主管部门就要同财政部门做好高校发展的经济后盾和政策后盾。除了直接的经费支持外，教育主管部门还需要鼓励、允许高校通过合理的科研成果转化、相应产业发展、吸引社会资金注入等多种形式来充实高校发展的经费来源。高校经费来源向多样化发展，需要得到政策的支持与引导。高校经费来源多样化，既有利于高校经费来源更加充足稳定，也有利于高校通过与其他企业等合作来最大限度地激发高校的科学研究能力、创新型人才培养能力、社会服务能力，也有利于企业等机构的优质人力资源、财力资源、社会实践资源同高校的各项资源加以融合，多方资源的融合最终会促进资源整合，提高资源的利用效率。"双一流"大学建设在一定程度上来说，也是一场无声无息的高校结构重组，是对不同类别高校梯队的重组，也是对高校和社会资源的一种重组，本质上就是通过各方力量的融合共同促进国家高等教育、经济、文化、产业的协同发展。

二、"双一流"大学建设高校科学研究与学科发展的具体路径

科学研究支撑"双一流"大学创新型人才培养需要每所高校通过自身发展来实现，虽然教育主管部门的支持具有重要作用，但是高校学科建设和科学研究发展本就是"双一流"大学建设的直接基础。高校科学研究与学科发展良好，才能为高校的科学研究和创新型人才培养提供切实的发展环境。"双一流"大学建设高校科学研究与学科发展的具体路径主要包括：在科研、教学、育人综合发展中划分侧重方向；推进"产学研"相结合的科学研究发展模式；结合地区和学校优势展开特色科学研究与学科建设；充分发挥一流学科在高校学科建设中的辐射作用等。

(一) 科研、教学、育人综合发展中要划分侧重方向

科研、教学、育人都是高校职能的重要组成部分,但是这些职能的划分需要在综合发展中各有侧重。任何事物的发展都需要专业性、专一性的投入,人的精力是有限的,时间也是有限的,高校各项职能的实现最终需要落实到人的身上,而这些人往往就是高校教师。高校教师的时间和精力是有限的,而高校的各种职能又都需要高校教师付出大量的时间和精力。首先,科学研究是一个需要大量时间、精力投入的工作,而且是一个持续性的工作,需要通过持久的攻坚克难,才能得出宝贵的科研成果,得到的科研成果也需要在建立、推翻、再建立、再推翻中不断打磨完善,这是一个较为漫长的过程。其次,教学是对学生最直接的教育途径,在教与学的过程中,教师和学生共同得到成长。教学不只是单纯的课本教学,也包括实验教学、实践教学、研讨教学等多种形式,教师需要做好充分的教学准备才能为学生呈现多彩的课堂,才能在教学过程中不断发现学生的潜力,完成符合学生成长阶段的对应教学。教学的过程实际上也是需要探索和创新的,单纯的灌输和知识讲授不应是大学的课堂教学主旋律,积极引发学生思考和创新的课堂才是培养创新型人才的"沃土"课堂。最后,育人应该贯穿科学研究和教学全程,大学不是生产科研机器,也不是知识浇灌机,而是人才培养的摇篮,是为社会输出创新型高品质人才的乐园。在科研和教学以及日常学习生活中,教师应积极引导学生形成积极向上的"三观",养成良好的习惯和道德品格,为社会培养出"有温度"的人才,而不是冷冰冰的机器。

为了协同实现科学研究、教学、育人的重要职能,高校需要合理安排教师的分工。虽然说每一位教职人员都应履行高校的三种重要职能,但是学校可以为不同的教职人员提供选择的余地。对于擅长做科学研究的教师,要根据教师的科研成果进行判断,为其提供更多的时间和机会从事科研,同时协调此类教师参与研究生阶段学生的教学与科研教育工作,充分发挥其专业发展优势,在科学研究与教学育人之间找到发展的平衡点,言传身教地教育学生做好科学研究。对于在科学研究表现上较

为薄弱，但是在教学工作上表现突出的教师，要为他们提供教学发展、研究平台。即使在高校中，也并不是每一个人都擅长科学研究的，有些教师虽然接受过科学研究锻炼，但是并不是特别擅长科研，而更愿意探索创新课堂，更愿意思考学生学习过程中可能遇到的问题，并通过具有个人特色的课堂来引导学生。擅长教学的教师在当前高校发展中的受重视程度往往不及擅长科研的教师，这种情况需要改变。教学在高校发展过程中占据着重要作用，不同学科的教师在教学过程中需要创新风格，找到教学发展的突破口，通过课堂时间逐渐培养学生独立思考和自主学习的能力，才更有利于创新型学生培养。当然，主要从事教学工作，并不是脱离科学研究，而是应该鼓励高校对不同类别的教师进行职责划分，各有侧重地综合发展。育人工作除了要融入高校科研型教师、教学型教师的日常工作当中，也需要专门的学生管理者来对学生的思想、心理、生活习惯的养成进行培养与引导。科研、教学、育人综合发展又各有侧重，多方共同努力才能培养出德智体美劳全面发展的社会主义建设者和接班人，培养出真正的创新型人才。

（二）推进"产学研"相结合的科学研究发展模式

高校科学研究工作是"双一流"大学建设的重要一环，科学研究既能够直接创造出先进的思想理论，又可以在新思想、新发现、新发明中推进社会的发展，培养创新型人才，科学研究是"双一流"大学建设的重要支撑。推进"产学研"相结合的科学研究发展模式，一举三得，既可以为高校科学研究注入更多的经费保障，提供一手的科研材料与具有实用价值的科研需求，科研成果的转化更有利于真正实现科研价值；又可以为企业提供强大的科学研究支持，科研成果的转化可以为企业发展注入新的活力；还可以为学生提供宝贵的实践机会，"纸上得来终觉浅，绝知此事要躬行"，"产学研"相结合的科学研究模式可以为学生提供接触企业资源的机会，可以在实践中开阔视野，将理论与实践相结合，为社会培养更多实用型、创新型人才。

第一，对于高校科研工作者来说，做科学研究是一项神圣的使命，他们甘坐冷板凳,专注于实验室研究,专注于调研考察,专注于思考创新,同时也在培养一代又一代的科研人才,这个过程是孤独而艰苦的。但是正是这样持之以恒的钻研才会产出具有突出价值的科研成果。科学研究需要大量的经费作为支持,科学研究成果也需要真正落地,这是真正实现科学研究内在价值的重要表现。除了常规课题由国家和地方提供经费支持之外,与科研相关的产业融合可以很好地解决经费问题。产业发展可以创造巨大的经济价值,产业发展寻求进步需要科研支撑,科学研究与产业发展相融合,获得更多的经费支持,并促进科研成果尽快在产业发展中落地转化是科学研究工作的延展。

第二,对于各类产业发展来说,产业化发展是众多企业共同作用的发展模式,同一类企业形成集群发展,龙头企业带动产业发展都会促进一个产业实现跨越式发展。"产学研"相结合的科学研究模式,对不同产业发展,对不同企业的发展都有一定的推动作用。高校雄厚的科学研究力量可以为很多具有实际应用价值的产业项目提供强大的智力支持,各大企业都拥有自己的研发部门,也在致力于科学研究,研发更具价值的产品。企业可以就当前研究领域中最新的需求、反馈、问题与高校合作进行研究,由企业提供经费、设备、数据等直接支持,更有利于高校的科学研究工作者获得优质的科研资源,进而推动科学研究发展。当科学研究成果产出后,高校的科研工作者也可以为成果找到更多的转化落地途径,真正将科学研究与经济发展相结合,既可以带动地方经济的发展,也可以推动企业的发展转型,实现共赢。

第三,对于教学和学生来说,"产学研"相结合可以提供更多的实习、实践和创新研究机会。企业同高校的合作,可以为高校的教学工作带来新的活力,高校进行的课程讲授多数都是成体系的课程设置,但是这些可以形成体系的课程往往又很难随时跟上时代的步伐。知识更新速度快,很多课程设置的教学内容可以作为基础学习与知识储备,但是真正步入工作岗位后,多数学生还要再经历单位的系统培训,了解更多最新的知识和行业发展趋势。高校与企业合作,可以请企业选派优秀人才作为客座教师来为学生介绍"象牙塔"外的世界,开拓学生的视野,增加对学生实用性知识的教学。高校也可以与企业合作，组织产学互动，组织创新创业大赛，组织学生参与企业实践，了解企业文化，为学生步入社会做好前期的理论与实践相融合的准备。部分学生也可以加入科学研究项目当中，发挥专业优势及科研优势，通过科研、教学、实践教育综合培养，更有利于成为实用型、创新型人才。

"双一流"大学建设高校需要认识推进"产学研"相结合的科学研究发展模式的重要作用，也要拓宽思路寻找多方交流。"双一流"大学建设高校的科学研究水平、师生综合素质都处于国内发展前列，它们合理安排与各大企业的合作交流，对于推动高校向世界一流大学方向发展，推动突出学科向世界一流学科发展具有重要作用。

（三）结合地区和学校优势展开特色科学研究与学科建设

"双一流"大学建设需要重视特色建设，无论是学校建设还是学科建设都要结合地区和学校优势加以展开。我国是个幅员辽阔、民族众多的国家，各个地区都有着地区自身的发展特色，不同的区域也有着不同的历史、地理、气候、自然资源。因此，处于不同地区的高校拥有着不同的发展优势与发展资源，也面临着不同的发展劣势与发展挑战。高校在发展过程中，需要结合地区优势来发展高校的特色学科，进而促进高校向特色方向发展。例如，有的地方是中草药的主产地，从古至今都有着良好的中草药发展史，那么就可以抓住这个优势发展中草药相关的学科研究，既能够获取第一手的研究资料，也有利于通过科学的研究与规划，以及专业人才的培养与输出带动当地的经济文化发展。在此过程中学校也可以传承我国的中草药文化，并通过不断的努力将其发扬光大。有的地方政治、经济、文化都很发达，原有的高校建设体系完善，知名高校众多，那就要在原有的优势基础上，做好国际交流和高新科技发展，推动当地高校向世界顶尖高校方向发展，进而继续推动当地政治、经济、文化发展。有的地方自身特色不够明显，但是在当地的高校却具有自身的发展特色，这种情况下，地方拥有世界一流学科建设高校或世界一流大学建设高校，就需要依据高校的发展特色寻找与高校所在地可以结合的发展方向，在发展高校的基础上也带动地方经济、文化发展。

以上所举的例子都是我国众多"双一流"大学建设高校中可能存在的与高校特色建设相关的简单举例。在分析我国"双一流"学科建设高校的学科分布时有所体现，同一个学科由多个学校同时建设的均属于少数，这在一定程度上可以说明，"双一流"大学建设是朝着特色化建设方向发展的。因地制宜地发展属于高校本身特色学科与特色文化，整体上不再片面地追求现有的国际标准，而是在建设高校自身特色发展的同时，逐步形成中国特色的评价体系、话语体系，能为具有中国特色的学科建设和学校建设争取更多海外认可，将中国文化和中国特有学科推广到世界的教育舞台之上。同时，高校的特色发展也会为高校找到属于自身的发展自信，明晰自身的发展方向，确立自身的发展动力，形成独具特色的高校发展模式和校园文化，培养具有高校培养特色的创新型人才，有利于建设我国的品牌高校，建成具有中国特色的高校创新型人才培养体系。

（四）充分发挥一流学科在高校学科建设中的辐射作用

"双一流"大学建设高校包含世界一流学科建设高校和世界一流大学建设高校，但是在高校发展的过程中，两类高校发展都离不开世界一流学科建设作为基础。高校发展过程中，只有学科建设得有质量、有特色、有潜力，才能通过一流学科的发展和带动来整体促进高校的建设与发展。"双一流"大学建设学科虽然很多，但是除了世界一流大学建设高校的世界一流学科发展较为丰富外，其他的世界一流学科建设高校，多数只有一两个学科作为世界一流学科建设。对于只有一两个世界一流学科的建设高校来说，学校需要充分认识一流学科建设在高校的整体建设之中所起到的重要作用。世界一流学科建设除了有自身的特色和发展前景外，还可以充分发挥世界一流学科在高校学科建设中的辐射作用。发展世界一流学科是"双一流"大学建设的基础，但是并不应是单独地发展某一个学科，而是要在一个学科已经具有良好的发展基础与发展效果的前提下，做好交叉学科的发展，做好相近学科的发展。高校中学科的发展不应是完全独立的，而应是充分利用现有一流学科的发展资源，在进一步推动学科发展的基础上，在一流学科发展的引领作用下，助力其他学科的发展。在新知识、新技术、新产业不断得到发展的当下，交叉学科发展已经越来越被重视，各学科之间、各行业之间都有可以相互交叉发展的机会与可能。如"人工智能＋"的发展模式，人工智能目前发展备受关注，但是人工智能发展除了自身的发展，也可以和其他的专业、学科相融合发展，进而发挥"1＋1大于2"的作用。学科之间是存在相互联系的，高校发展充分发挥一流学科在高校学科建设中的辐射作用，逐渐在一流学科建设的带动下，将其他学科也逐渐建设成世界一流学科，最终共同推动高校向世界一流大学方向发展。

三、"双一流"大学创新型教师人才培养的具体路径

"双一流"大学建设在科学研究的支撑下，可以培养创新型人才为社会和国家的发展贡献力量，创新型人才培养也是"双一流"大学建设的微观推动因素。教师既是人才的培养者，也是人才队伍的组成者。创新型教师人才的培养，既可以进一步推动高校科学研究的发展与建设，也可以在教师自身创新素质增强的前提下，更好地对学生进行创新教育，培养出更多的创新型学生人才。创新型教师人才培养的具体路径可以包括：建立更加专业化的教师评价体系；形成创新型教师奖励激励机制；提供继续教育与国际交流学习机会；注重挖掘青年教师的创新发展潜力；积极引导教师教学科研"团队式"发展等。

（一）建立更加专业化的教师评价体系

教师创新型人才的培养，首先需要激发教师自身的学习动力与创新意愿，平衡教师关于工作与自我提升学习之间的关系。不要让教师形成"作为教师只是在履行一份工作职责"的观念，要引导教师积极进步，不断发展，在坚持学习与创新中提升工作、学习、研究能力，在培养学生的过程中，自己也能成长为创新型人才。教师的发展直接影响学生的

发展，一位有创新意识、创新思维、创新能力、创新行动力且综合素质高的教师，更能通过言传身教，潜移默化地影响学生创新意识养成，更有实力培养出专业素质过硬的创新型学生人才。那么，如何激发教师自身的学习动力和创新意愿呢？这就需要建立更加专业化的教师评价体系，让教师的学习、研究、教学、自我提升、以德育人等优良品质和所得成果都得到相应的认可。

传统的教师评价体系虽然也会结合教师的科研成果、教学工作量、学生评价等进行综合考评，这对于教师的发展起到了较好的推动作用。但是不同类型的教师如果拥有不同的评价体系，对各具特色的教师队伍建设将会有一定的推动作用。首先，按照类型划分，可以将教师划分为研究型教师、教学型教师、企业型教师，根据不同的教师所擅长的领域来充分发挥教师的优势，有针对性地培养创新型教师人才。对于研究型教师来说，科学研究是此类教师的主要工作，也是此类教师的擅长领域，那么对此类教师的评价应该更加侧重于科研成果以及硕士、博士研究生的培养成效。对于教学型教师，如果有一定的科研成果可以在规定范围内进行加分，但是主要考察的可以是教师在教学过程中有没有特点和创新，学生在课堂中的收获对于学生的影响有多少，有没有开辟出新的、让学生更易于接受的教学成果。对于企业型教师，应当关注企业型教师在实践层面为学生带来了哪些收获，学生是否可以通过企业型教师的讲授与引导来拓宽实践认知领域，提升实践创新技能。

其次，评价组织需要建立客观有效的评价体系。评价体系可以包括专家组测评、教师互评、学生综合评价等多个方面。对教师的评价，基础的就是专业的评价专家组的组成，专家组可以根据不同类型教师的成果产出来对教师进行综合评价。专家组可以由具有评价经验的专业人士组成，但是需要注意评价过程中的客观性，除了被评价教师的自我陈述，其他的评价可以匿名，以保证评价的客观性和真实性。专家组的评价之外，需要逐渐形成教师互评制度。教师发展需要竞争，教师评价也需要得到同行间的普遍的认同与承认，才能够更好地发挥评价的真正价值。一线教师加入评价体系当中，客观地对参评教师进行评价时，可以用同行独特的视角，为教师的发展提供实用的评价与建议。另外，学生对教师的评价可以增加一些评价方式。目前多数的学生评价都是评课，评价教师的课上的怎么样，但是教师的工作不只有上课，他们还要对学生进行道德引导，培养其科学研究能力，有的教师还要帮助学生做好职业生涯规划。由此可见，单独的学生评课不足以充分、客观地评价一个教师的能力水平。学生评价除了进行已成体系的评课外，还需要组织对教师综合能力的评价。可以组织学生评选"我最喜欢的老师"，组织参与教师科学研究工作的学生评价导师，组织"师德师风"评价等，来更加广泛地通过多维度来评价教师，促进教师在学生评价中发现问题，并有侧重地提升自身的相关教育水平。

最后，需要在评价主体、评价客体层面共同认识评价体系存在的真正意义。对教师的评价本质上是通过评价来帮助教师发现自身的不足与问题，促进教师在评价过后可以有针对性地改进，进而在评价的督促下得以进步。同时，对工作表现突出、自身发展良好的教师也可以通过评价体系给予认可与鼓励、适当的嘉奖。教育评价主体需要严格遵守公平、公正、公开的原则，客观真实地对教师进行评价，禁止弄虚作假等行为。教育评价客体需要正视教师评价存在的实际意义，要通过努力来获得较好的评价结果，而不是为了避免评价出现差的结果而投机取巧；更要意识到评价结果不好是因为尚存在可以改进的空间，并不是评价不好就没有价值，而是要通过评价建议来改进自己存在的问题，向更好的方向发展。获得较好评价结果的教师，也需要意识到评价只是阶段性的，不是一次评价就可以决定教职生涯，而需要继续努力，在学习、培训与不断努力中将自己培养成为更加优秀的人才。评价主体与评价客体都能够意识到评价体系存在的真正意义，会更有利于评价体系发挥积极作用。

（二）形成创新型教师奖励激励机制

培养创新型教师人才，需要形成创新型教师奖励激励机制。教师是人类灵魂的工程师，他们拥有着高尚的师德师风，愿意为培养学生而奉献自己的时间与精力，是值得尊敬的群体。但是，教师也是普通的人，他们除了肩负育人使命之外，也需要养育自己的家人，也有提升自己的个人需求，也会有经济上的困难和诉求。大家想激发教师向创新型教师人才方向奋力前进，除了要有专业的评价体系，还要有具有实用价值和吸引力的奖励与激励。通过专业评价评选出的优秀创新型教师，学校应该充分鼓励他们。对于研究型教师，可以为他们提供更多的科研条件支持，无论是经费支持还是职称评价，都要给优秀教师一个具有吸引力的奖励，这样才能充分发挥激励作用。优秀的教学型教师会有自己独特的教学心得，学校可以组织教学分享会，为教师提供荣誉与奖金，在精神层面和物质层面激励教师前进。对于企业型教师，虽然有些企业型教师不属于学校的全职教师，但是学校可以通过授予的荣誉来奖励教师，增强企业型教师加入学校教育工作的积极性。综上所述，教师的奖励激励机制的建立，主要是兼顾精神层面和物质层面的奖励。教师虽然高尚，但是也需要在这个社会中生存和发展，也需要为家人做好各项保障，不能只在精神层面以荣誉的形式来激励教师，也需要重视对教师在物质层面和个人职业发展层面进行鼓励和激励。教师的奖励激励，更需要让教师真正激发潜力，发自内心地愿意向创新型人才方向转变，充分认识向创新型人才转变对自身发展的重要作用。

（三）提供继续教育与国际交流学习机会

高校教师多数都是经过高水平的高等教育，并通过层层选拔，最终成为高校教师的。"双一流"大学建设高校中的教师更是高校教师队伍中的佼佼者，他们很多都有海外留学或者访学经验，能够将较好的国际经验运用到我国的高等教育发展当中。但是，高校教师成为教师之前所受的教育和在成为教师之后所得到的教育以及培训还有较大的区别。在成为教师之前，他们的学习是以学生身份进行的，他们多数是单纯地为了科学研究或者知识获取及个人发展而接受教育，对于教育本身的学习和关注相对有限。教师从学生向教师的角色转变完成后，他们的关注点除了专业发展之外，还会关注所学所思与自己的教学、科研、育人之间存在着哪些联系，哪些是可以借鉴的，哪些是需要避免的。成为教师后的学习不再是单一的学习，而是对知识与方法的多重学习。那么，为教师提供继续教育与国际交流学习机会是十分必要的。

"双一流"大学建设是要建设世界一流大学和世界一流学科，"双一流"大学建设高校也需要向世界看齐，甚至超越世界排名靠前的高校，这需要教师发挥积极作用。只有教师的眼界足够开阔，教师的所学所思能够跟上国际最先进的步伐，才能够推动学校整体向世界先进行列进发。高校教师既需要得到专业性的继续教育培训，与同领域的教师共同学习研究最先进的科学知识，也需要通过学校组织的继续教育培训来学习教学、育人、心理辅导等技巧，在不断提升自己研究领域的专业基础之上，也能够更加专业地引导和教育学生。创新的基础就是要有充足的知识储备、思考意识与思考能力，所有的创新都不是凭空产生的，都是需要站在前人的肩膀上不断继续努力探索，最终得出新的研究成果。当前知识更新速度极快，继续教育可以为教师提供更新知识储备的基础，也在一定程度上激发教师的创新意识与创新能力。国际交流对"双一流"大学建设高校的教师具有重要意义。当前国际发展不再是孤立的发展，而是经济全球化、科技全球化的发展。各国发展的先进理念和先进科研成果可以通过分享而碰撞出新的火花，国际交流可以开拓教师的国际视野，既包括学术层面上的，也包括育人层面上的。教师无论是出国访学，还是参加国际会议，或者是主办国际会议，都可以达到交流和分享的目的，这个过程对教师的创新型引领会发挥突出作用。尤其是组织或者参加大型的国际交流会议，对于教师自身发展是一种重要积累，在一定程度上也可以增强学校的影响力。高校的发展与高校师生发展相辅相成，想要建立世界一流大学和世界一流学科，实际上首先培养世界一流的创新型人才，培养世界一流的教师和学生，而培养世界一流的学生的前提，是培养世界一流教师。所以，在"双一流"大学建设过程中，为教师提供继续教育与国际交流学习机会值得提倡。

（四）注重挖掘青年教师的创新发展潜力

"双一流"大学建设过程中，培养创新型教师人才需要注重挖掘青年教师的创新发展潜力。教师队伍建设过程中，青年教师是重要组成部分，青年教师与年长的教师相比，虽然没有丰富的教学科研经验，但是他们拥有更多的时间、精力和可塑性。随着我国高等教育的不断前进与发展，青年学生的创造力和经历也变得更加丰富，从学生向教师进行角色转变后，"双一流"大学的青年教师多数具有较好的发展潜力。当前的高校建设中，如果青年教师和其他教师共同参与评选或项目申报，可能并不占优势，很多青年教师都是与年长的教师合作，做一些基础性工作，再向前推进自己的工作与发展。虽然经过这种磨练，青年教师的发展会得到一定的提高，但是对其创新发展潜力的挖掘还并不充分。创新发展潜力的挖掘，需要青年教师在时间精力都较为充足的前提下，根据自己的所学与兴趣，创造性地完成自己的科研或者是教学工作，发展属于自己的创新发展展示平台。具体来说，挖掘青年教师的创新发展潜力，除了要为他们提供发展平台之外，也需要提供充足的时间保障，青年教师的发展应拥有与创新相关的专项扶持与引导。青年教师无论是思考能力、新事物的接受能力，还是自己的精力与身体状况，都正处于发展的上升时期，更有利于提升创新能力，产出创新成果，成长为创新型人才，进而带动学生的创新积极性，培养更多的创新型学生人才。因此，注重挖掘青年教师的创新发展潜力可以成为培养创新型教师人才、建设"双一流"大学培养创新型人才的具体途径。

（五）积极引导教师教学科研"团队式"发展

"双一流"大学建设过程中，无论是教学还是科研都不是一位教师或者几位教师可以单独推进其发展建设的。在"双一流"大学建设过程中，培养创新型教师人才需要积极引导教师在教学和科研中形成"团队式"发展模式。对于教学来说，同一学科的同一专业或不同专业之间总是存在着或多或少的联系与区别，同一学科的课程设置也存在较强的互补性和一定程度的独特性。课程设置、课程评价、课程革新等过程需要同一门课程的授课老师形成教学团队，在课程设计、课程安排、课程考核、课程反馈等环节进行充分的讨论，通过研讨逐渐形成效率最高的课程规划，共同解决教学过程中遇到的各种问题。除了同一门课程可以形成"团队式"发展，同一学科也需要形成"团队式"发展。同一学科的不同专业，虽然会有课程安排的区别，但是在教学过程中会有联系和整体规划的一致性，需要团队合作，根据课程安排的次序、难易程度等进行研讨并确定教学安排。教学的"团队式"发展，需要有教学带头人进行总体把控，形成教学研讨小组，组织各门课程的授课老师根据专业、课程属性、课程特点来制订科学的教学计划与实施方案，并在实施过程中，根据实际情况适当调整，促进教学工作向高效率、高品质方向发展。

对于科研来说，"团队式"发展更有助于展开科学研究。科学研究是一个漫长的过程，需要充分的理论与实践支撑、大量的人力物力资源支持。科学研究需要团队合作，需要具体分工，需要共同的攻坚克难，将大问题拆解成多个小问题，再由科研工作者逐一解决各个研究方向或研究领域的小问题，从而推动大问题的解决，进而得到创新的科研成果。一项科研任务的完成，需要一个团队的共同努力，也需要科研小组为科研团队的每个成员争取经费支持，并根据小组成员所擅长的领域来进行分工，真正地促进小组成员各自发挥自己的优势，也督促成员高效率地完成自己负责的工作。科研小组负责的部分效率都提高了，整个科研团队的效率自然随之提高，并且在各自擅长的领域更容易发现更好的解决办法，再通过小组研讨，将各自擅长领域更科学的解决问题的发现进行融合式的研讨，也有利于高效率、高质量地完成科研任务，解决科研问题，得到创新性的结论。

综合教学"团队式"发展和科研"团队式"发展的特点，实际上还需要注意"团队式"发展要真正发挥团队的作用，不能将团队应起到的合作共赢的局面，最终发展成领头羊的独角戏或带头人"赢者通吃"的效应。无论是教学带头人，还是科研带头人，起到的都是一个统筹引导的作用，而不是大包大揽地解决每一个问题的作用。团队的带头人需要做好统筹工作，同时，团队成员也要积极配合做好自己的工作，这样才能促进效率的提升。"团队式"发展过程中，如果出现扰乱团队发展的影响因素，需要第一时间加以制止，如果团队成员不愿融入团队合作当中，允许根据退出机制退出团队，从而始终保持团队的团结性、高效性和统一性。相信积极引导教师教学科研"团队式"发展，会更有利于教学科研效率的提高，也更有利于发挥每位教师最擅长的技能，在"双一流"大学建设过程中培养更多的创新型教师人才。

四、"双一流"大学创新型学生人才培养的具体路径

"双一流"大学建设培养创新型人才的最直接表现就是培养创新型学生人才，学生通过学校的培养逐渐成长为各个行业的人才与精英。国家的创新发展力，需要青年创新人才的补充与支持，高校是创新型学生人才培养与塑造的摇篮。正是高校的系统教育，为社会输送源源不断的创新型人才。对学生人才的培养与教师不同，创新型教师人才的培养除了作为人才为社会发展贡献力量之外，还要起到培养学生的作用。但是，创新型学生人才的培养更多的是在学校的科学规划之下，通过开放式课堂充分激发学生学习研究兴趣、制定学生转换专业考评标准、开启跨校资源共享培养模式、专业竞赛与创新型学生人才培养相结合、加强对毕业生发展的研究与反思等具体路径来为各行各业培养实用的创新型人才，为各行各业的发展提供优质的人才储备。

（一）开放式课堂充分激发学生学习研究兴趣

兴趣是学生学习研究的根本动力，无论是日常的学习还是科学研究，都需要学生对所学的学科感兴趣。虽然有些学生在报考阶段就已经拥有浓厚的兴趣，兴趣使然才报考了所学专业，这样的情况下，学生在学习和研究过程中更容易取得良好的学习研究效果。但是，也有很大一部分学生，对所学专业并不是十分了解，在报考阶段因为家人建议、就

业趋势、自我理解等原因选择了所学专业，真正开始学习相关知识的时候才发现与自我预期并不一致，容易丧失或减少学习研究兴趣。兴趣不够充足的学生，很容易出现怠惰、效率低、心理负担重等负面情绪，因此，充分激发学生的学习研究兴趣十分重要。

学生的学习研究兴趣需要在入学之后尽快建立，最好的激发学生学习研究兴趣的渠道就是课堂建设。传统的大学课堂多数为教师授课、学生听课的一元模式，学生在这种模式下容易出现兴趣下降和被动等待知识输入的状况，缺乏思考的动力和兴趣。为了充分激发学生的学习研究兴趣，学校可以发展多元化的开放式课堂，在学生与教师之间增加互动，学生与学生之间增加互动，学生与企业或社会机构之间增加互动。让学生从课堂的被动接受者，逐渐转变为课堂的积极参与者，这样更容易激发学生的兴趣。教师需要整体规划课堂安排，布置好预习与复习作业，这种作业应该是开放式的，需要为学生预留提出问题和解决问题的空间。作业不只是学生学习阶段需要完成的任务，也是学生走进课堂、发现不足、激发兴趣的良好途径。教师通过布置开放式作业来引导学生自发的提出问题，并通过自己的学习与研究来解决问题，课堂上再进行评价、答疑、引导，再来学习新的课程内容，更有利于学生消化知识，增强学习的自主性，发现所学专业或者学科的魅力。通过开放式作业与开放式课堂来激发学生的学习研究兴趣的前提，是教师对课程有着整体的规划，严谨地安排每堂课的计划与问题导向，并用心去感受和对待学生的作业反馈。教师在教学过程中需要明确作业和课堂的意义，并认识到作业和课堂不是对学生单方面的要求，而是通过教师的回馈与引导形成双向的交流。

开放式课堂，除了需要教师对学生的引导，也需要鼓励学生形成学习研究小组，增强学生与学生之间交流的机会，通过学生之间的讨论与共同学习来增强学生的学习积极性，激发学习研究兴趣。课堂上需要引导学生组建小组进行课上和课下的学习，学生需要在小组学习过程中学会团队合作，学会做好分工和分享成果，这本身就是对学生的教育。同时，作为同龄人，同学之间有着比较相近的认知方法和交流方法，一个学习小组当中，多数情况下都会存在对于课程存在浓厚兴趣和兴趣相对较弱的学生，兴趣浓厚的学生往往更愿意主动学习课程相关内容，但是兴趣较弱的学生往往会陷入被动学习的低效状态。但是，通过小组学习，不同兴趣程度的学生聚在一起讨论所学所思，可以潜移默化地通过兴趣浓厚学生的带动，逐渐影响兴趣较弱的学生，通过同学之间的学习分享，会促使更多的学生注意到所学专业和学科有哪些迷人的魅力，增进对所学专业和学科的了解，进而激发学生的学习研究兴趣。

开放式课堂，也可以根据课程属性安排与企业或社会机构合作，让学生参加社会实践或专业实践，进而增加学生的学习研究兴趣。真正的兴趣除了从书本和别人的讲授中获得，更需要学生自己发现所学内容在现实生活中具有哪些实际意义和价值。社会实践和专业实践可以满足学生的这个需求。为什么要学习？学习后会有哪些收获？学习会为自己和社会带来什么？学生提出的疑问不是教材可以解答的，学生自己实际的感受才能让他了解到所学的真正意义，进而激发学习研究兴趣。学生在大学阶段不再仅仅是知识的吸收者，更需要通过能力的提升和知识的积累，逐渐通过思考、学习、研究来转变为知识的创造者，成长为创新型学生人才。因此，多元化开放式课堂的建立对创新型人才的培养会起到良好的基础性作用。

（二）制定学生转换专业考评标准

学生所学专业是否适合学生本人发展，往往不是学生在入学时就能准确判断的。在高等教育阶段，学生要结合职业生涯规划来学习专业知识，创造自己的专业价值，进一步为走入社会、创造社会财富打好基础。但是，如果学生所选专业并不适合自己，很难激发学习研究兴趣。教师通过观察发现学生并不适合学习当前专业，那么就需要允许学生在符合转换专业考评标准要求的前提下转换专业，进入真正适合自己的专业。制定转换专业考评标准需要根据不同学习阶段的学生，确定不同的标准和是否存在转换必要。

对于专业转换，不同阶段的学生应该有不同的标准。对于本科阶段的学生来说，他们刚刚从高中走入大学，从基础知识的学习开始转向专业选择与学习，难免会出现专业认知不明晰、自我定位不准确的情况。在学生发现并不适合当前所学专业的时候，学校可以允许学生提出专业转换申请，但是又需要杜绝学生是为了随着专业热度而转换专业的投机取巧行为，要避免出现并不是随着兴趣和特长转换专业的行为。转换专业的考评标准的制定在此阶段就尤为重要。如果学生需要转换专业，首先需要学生提出转换专业的申请，在申请中要明确写出转换专业的理由、对原专业的认识和对希望转换的新专业的认识，同时做一下自我学习能力、学习兴趣、学习目标、学习规划的介绍。在学生申请通过审核过后，仍然需要针对两个专业的共性及新专业的特殊属性组织考试，既要考查学生对于专业共性的基础知识的掌握程度，又要通过具有专业特殊属性的考核来验证学生对新专业的热爱程度、认知程度与自学能力。学生通过考试后，学校可以组织需要转换的新专业的教师来面试，最终确定是否可以转换专业。虽然这个过程看似复杂，却是培养创新型学生人才的重要一环。复杂的过程可以考核学生的兴趣程度、知识基础，也可以考验学生对于新专业的认知是否相对成熟，是否是真正找到了更适合自己的专业，而不是利用可以转换专业的机会选择了另一个不适合自己的专业。如果学生能够通过转换专业的标准考核，实践中，学生转入新专业后会更加珍惜得来不易的学习机会，并在扎实的学科知识基础上展开学习研究，培养创新意识、创新精神和创新能力，成长为创新型学生人才。

转换专业考评标准对于硕士研究生和博士研究生来说，并不是像本科生一样适用。本科生需要经历从高中生向大学生的转变，他们对专业和学科设置还没有深刻的理解。但是硕士研究生和博士研究生已经有多年的专业学习经验，有能力做好专业选择和判断，根据个人喜好、职业规划、学习基础来选择适合自己攻读的专业，同时需要通过高强度的学习，夯实自己的专业基础，且具有专业创新意识与创新能力，以及参与专业性较强的科学研究，才有可能获得宝贵的学习机会。因此，对于硕士研究生和博士研究生来说，他们并不适合进行专业转换。

（三）开启跨校资源共享培养模式

"双一流"大学建设需要开启跨校资源共享培养模式，通过资源开放和共享，更加充分地利用教育资源，提高教育资源的利用效率。"双一流"大学建设是中国从教育大国向教育强国转变的一个重要举措，这不是单独地建设某一所世界一流大学或者某一个学校的世界一流学科，而是通过这种建设来整体提高我国高等教育的质量，在科学研究的支撑下培养更多的创新型人才。"双一流"大学建设高校多数都有良好的教育资源，但是不同的高校由于发展特点、发展倾向、资源积累侧重不同，在教育资源配置上存在着很大的差异。有的学校多个学科都属于世界一流学科建设学科，有的学校只有一个或两个学科可以作为世界一流学科建设学科，但是如果形成跨校资源共享培养模式来培养学生，将能更加高效地发挥教育资源的价值。

虽然高校发展过程中存在竞争，但是为了培养更多的创新型学生人才，开启跨校资源共享来培养学生会是一个普惠性的调整，对高校也是一种肯定与宣传。高校的竞争是综合实力的竞争，培养学生的能力也是综合实力的组成部分之一。不是只有利用高校资源培养自己学校的学生才算具有价值，高校利用自身资源在保证本校学生学习和发展的基础上帮助其他高校的学生得到更好的教育，享受更好的教育资源，也是需要得到肯定的重要举措，在高校评价中应该得到额外的肯定与加分，进而激励高校自愿加入资源共享的行列之中。当前互联网、人工智能、区块链、物联网等高新科技都在迅速发展与成长，资源的使用已经在一定程度上突破了时空的限制。网络上课、网络研讨、网络讲座、网络图书馆、智能机器辅助教育等形式，促进了教育资源得到跨校共享的可实现性。不在同一个城市的高校，也可以同发展世界一流学科理念相近或可以相互结合发展的高校进行合作，通过教学或者科研资源的共享共同成长；可以允许相关专业的学生通过学校建立的渠道进行学术交流和心得分享，从而开拓学生的眼界；还可以通过跨校科研合作与教学研讨来共同促进教师的教学科研效率得到提高。一个学校无论实力多么雄厚，如果只通过学校自身的力量向前发展，容易忽视发展过程中存在的问题，或者造成一定的资源闲置和浪费。开启跨校资源共享培养模式可以在一定程度上解决这个问题，增强高校间的合作与互助，为更多的学生提供优质的教育资源，进而培养更优秀的创新型人才。

（四）专业竞赛与创新型学生人才培养相结合

竞赛育人的理念越来越得到高校、学生和社会的认可，"双一流"大学建设高校的发展亦需要重视专业竞赛与创新型学生人才培养相结合，发挥专业竞赛的优势作用，促进学生在参与竞赛的过程中夯实专业基础，激发创新灵感，提高创新能力，在创新创业的过程中逐渐成长为创新型学生人才。学生参加本专业相关的创新创业大赛，可以通过选择参赛项目、组成参赛队伍、进行参赛作品的准备、提出创新理念、经过实验和推理研究得出可行性分析，参赛作品的呈现实际上是一个完整的学习、研究、创新的过程。创新创业大赛既可以引导学生发现自己对本专业的兴趣点，也可以在兴趣的引领下展开具有充足动力的自学与研讨。学生们多数是以团队的形式参加创新创业大赛，自学、团队学习交流也能锻炼学生的交流分享能力，激发学生的团队精神，使学生在团队协作过程中学会取长补短，将大家的所学和特长融合在一起共同完成作品创作。在作品呈现过程中，无论是作品实物的制作、文本的撰写，还是现场演示与汇报，都可以综合提高学生的表达能力、动手能力、应变能力。一个比赛往往就是一个浓缩的教育阶段，在这个阶段中学生更具有主动性和自控力，在目标明确的基础上通过竞争激励来提升自己的综合创新能力。

我国高校学生的专业竞赛发展越来越成熟，不同的学科、不同的研究领域每年举办众多专业竞赛。除了发展多年的"挑战杯"创新创业大赛，智慧经济创新创业竞赛人工智能创新创业大赛、金融科技创新大赛等具有专业特色的比赛也在不断发展，且规模越来越大。专业竞赛除了得到学校和学生的重视之外，也得到了国家和各类企业的重视。通过竞赛可以挖掘创新人才，通过竞赛可以鼓励学生创业，企业单位愿意为专业竞赛投入时间、人力和物力的支持，愿意对专业竞赛进行冠名和赞助。例如"工行杯"全国大学生金融科技创新大赛，积极引导高校学生关注、体验中国工商银行重点领域产品，就完善现有场景、提升客户体验开展创新创意活动。中国工商银行还聚焦数字化金融、数字化安全以及互联网、大数据、人工智能、云计算、分布式安全技术等新技术在银行业的创新应用，推进新一代信息技术与银行领域深度融合。中国工商银行可以通过创新创业大赛发现和储备适合企业发展的潜在人才，也可以通过竞赛来提升企业的知名度，为企业的发展寻找创新灵感。国家支持创新创业大赛的发展，通过政策的支持与鼓励，为学生的创新创业提供一定的政策与经济支持，引导学生不仅要创新，也要学会创业，要在不断学习已有知识的基础之上学会知识创新，在新的知识产出与新事物出现的过程中敢于将创新产品与创新理念落地转化。创新人才培养不是口号，而是支持学生在创新创业的过程中向更高水平人才的方向发展，最终也有利于我国自主研发的产品逐渐增多，有利于属于我国的具有创新优势的品牌与企业在世界上拥有属于自己的发展舞台，通过实力的展现来得到世界的普遍认可。

（五）加强对毕业生发展的跟踪研究与反思

科学研究支撑我国"双一流"大学创新型人才培养，除了要在教育主管部门、高校、教师与在校学生人才培养几方面得到重视与资源支持外，还需要加强对毕业生发展的跟踪研究与反思。人才发展具有主观能动性，也具有持久性和多样性，每一所学校培养的创新人才都应该具有高校发展特色的某些独特品质，这些品质在学习、创新、研究、品格、习惯等方面都会潜移默化地渗透到每位学生的日常生活与工作之中。来自不同高校毕业的毕业生，从就业率、就业单位、就业多年后的成长与发展水平、在社会上的被认可程度、晋升空间、科学研究成果产出、创新成果产出与落地情况等多方面都会明显地不同，而同一高校的毕业生尽管在每项发展因素当中会产生不同的表现，不过在总体发展方向上可能表现出具有一定规律性的发展状态。

　　高校的发展，尤其是高校培养创新型学生人才的发展，除了关注学生在校期间的进步与变化，还需要加强对毕业生发展的跟踪研究与反思。毕业生经过社会的考验与打磨，从他们身上可以看到高校在培养创新型学生人才过程中存在的问题，高校毕业生在毕业发展过程中遇到了哪些共性的困境，这些困境如何在在校生培养的过程中得到预警式教育的应对。同时，也需要跟踪研究和反思高校毕业生在工作岗位上发展的过程中，有哪些因素是促进他们向更好的方向发展的。对可以促进毕业生发展的影响因素，应该在在校生培养过程中得到更多的重视，进一步发挥其积极的作用。加强对毕业生发展的跟踪研究与反思，实际上是反观高校培养学生建设过程中存在的问题，筛选可持续性发展因素。重视对毕业生的跟踪研究与反思，更有利于检验高校建设过程中培养创新型学生人才的实际效果，建立高校创新型学生人才培养的管理闭环，通过研究、反思与改进，也有利于培养更多、更具潜力的创新型学生人才。

结　　语

　　我国人口众多，是名副其实的教育大国。若想将众多的人口转化成巨大的财富，就需要教育与科研、创新型人才培养的完美契合与相互支撑，尤其需要高等教育充分发展，为我国从"人口大国"向"人才大国"转变，从"教育大国"向"教育强国"转变做出特有的贡献。高等教育不同于基础教育。高等教育阶段是学生完成从学生身份向各行各业工作者转变的系统教育阶段。这个教育阶段可以促使学生重新认识自己，找到自己的人生定位，并为未来的职业发展进行规划和储备能量。"双一流"大学建设是高校创新型人才培养的一个良好契机。"双一流"大学建设既包括世界一流大学建设，也包括世界一流学科建设，在这个建设过程中，各个专业的学生都有机会接受与世界接轨的高品质教育。这种高端教育是一种拔尖教育，是一种人才选拔教育，正是"双一流"大学建设，为培养更多世界一流人才提供了可能，为产出更多优秀的科研成果奠定了坚实的基础。

　　"双一流"大学的发展本质是做好学科发展，世界一流学科的发展需要得到格外的重视，无论是世界一流大学建设，还是世界一流学科建设，都离不开对学科的建设与发展。这在一定程度上体现了世界一流学科发展的重要性。世界一流学科的发展不只会推动本学科发展，还可以带动相关学科共同发展，逐步形成交叉学科发展，通过学科发展的带动作用逐渐将大学建设成为世界一流大学，进而真正地建成更多实际意义上的"双一流"大学。

　　大学是人才培养的摇篮，更是创新型人才培养的主要阵地。"双一流"大学培养创新型人才的具体路径有很多，但是培养创新型人才的核心需要围绕两个群体展开。一个是创新型教师人才，另一个是创新型学生人才。教师发展为创新型人才可以产出更多优秀的科研成果，同时也会更好地教育学生；创新型学生人才培养是"双一流"大学发展的重要任务之一，学生人才会加入社会各行各业的发展当中，创新型学生人才的培养对各行业的推动作用不容忽视。而对两类创新型人才的培养又应各有侧重，创新型教师人才培养需要根据科研型、教学型、企业型教师进行分类考评；创新型学生人才培养需要根据本科生、硕士研究生、博士研究生不同层次设计不同的培养方法与培养路径，有针对性地培养更多的创新型学生人才。

　　"双一流"大学建设、创新型人才的培养、教育主管部门的监管与引导三者之间存在着相互影响，相互促进的作用。世界一流大学建设与世界一流学科建设的发展共同推进"双一流"大学建设，创新型教师人才与创新型学生人才的培养共同促进创新型人才培养的发展，教育主管部门的监管与引导统领着"双一流"大学建设与创新型人才培养的发展，同时也在二者的发展过程中不断改进，适应着高等教育新时代发展的新浪潮。三者相辅相成、相互影响。本书初步对我国科学研究支撑"双一流"大学培养创新型人才的内生系统模型进行了探索与论述，对"双一流"大学建设与创新型人才培养及其具体路径选择进行了应然到实然再到应然的论述，最终得出了具体的发展路径。

主要参考文献

一、中文文献

（一）著作类

[1] 奥尔特加·加塞特. 大学的使命 [M]. 徐小洲, 陈军译, 杭州: 浙江教育出版社, 2008: 65.

[2] 伯顿·克拉克著. 探究的场所——现代大学的科研与研究生教育 [M]. 王承绪译, 杭州: 浙江教育出版社, 2001: 14.

[3] 贝弗里奇. 科学研究的艺术 [M]. 陈捷译, 北京: 科学出版社, 1984: 65.

[4] 陈洪捷. 德国古典大学观对中国大学的影响 [M]. 北京: 北京大学出版社, 2002.

[5] 褚宏启. 教育政策学 [M]. 北京: 北京师范大学出版社, 2011: 4.

[6] 陈玉琨. 卓越校长的追求: 陈玉琨教育评论集 [M]. 上海: 华东师范大学出版社, 2012: 3 – 12.

[7] 丁明涛. 高校专业人才培养模式改革与实践 [M]. 北京: 科学出版社, 2017.

[8] 弗莱克斯纳, 徐辉. 现代大学论——美英德大学研究 [M]. 陈晓菲译, 杭州: 浙江教育出版社, 2001: 65.

[9] 费希特. 费希特的法权哲学 [M]. 北京: 中国社会科学出版社, 2010: 20.

[10] 黄延复, 等. 梅贻琦与清华大学 [M]. 太原: 山西教育出版社, 1995: 70.

［11］顾明远，曲恒昌．理念与制度：现代大学治理［M］．济南：山东大学出版社，2015．

［12］郭玉铸．民办大学人才培养体系创新实践研究［M］．北京：光明日报出版社，2019．

［13］高平叔．蔡元培教育文选［M］．北京：人民教育出版社，1980：221．

［14］克拉克·克尔．大学之用［M］．高铦译．北京：北京大学出版社，2008.10．

［15］李工真．德意志道路——现代化进程研究［M］．武汉：武汉大学出版社，1997：64．

［16］李衡．科学史及其与哲学和宗教的关系［M］．桂林：广西师范大学出版社，2001：65．

［17］刘海峰．高等教育史［M］．北京：高等教育出版社，2010．

［18］刘希宋，张长涛，张倩，等．知识管理与产品创新人才管理耦合机理与对策研究［M］．北京：经济科学出版社，2006：62．

［19］默顿．科学社会学（上册）［M］．林聚任，鲁旭东译，北京：商务印书馆，2010：70．

［20］纽曼．大学的理想［M］．杭州：浙江教育出版社，2002：1．

［21］聂国军，王志明．高水平本科教育与一流人才培养［M］．湖南：湖南大学出版社，2019．

［22］潘懋元，王伟廉．高等教育学［M］．福建：福建教育，1995．

［23］孙绵涛．中国教育体制论［M］．辽宁：辽宁人民出版社，2004．

［24］孙绵涛．教育政策分析——理论与实务［M］．重庆：重庆大学出版社，2011：76．

［25］孙绵涛．教育政策论［M］．武汉：华中师范大学出版社，2002：76．

［26］孙绵涛．中国教育体制论［M］．辽宁：辽宁人民出版社，2004．

［27］孙绵涛．教育组织行为学［M］．福建：福建教育出版社，2012．

[28] 孙霄兵. 中国特色现代大学制度建设研究 [M]. 北京：教育科学出版社，2012.

[29] 魏所康. 培养模式论 [M]. 南京：东南大学出版社，2004：22.

[30] 威廉. N. 邓恩. 公共政策分析导论 [M]. 谢明等译，北京：中国人民大学出版社，2009：18.

[31] 王承绪，顾明远. 比较教育 [M]. 北京，人民教育出版社，1996.

[32] 吴式颖. 外国教育史进程 [M]. 北京：人民教育出版社，2008.

[33] 王万宗. 信息管理概论 [M]. 北京：书目文献出版社，1996：9-10.

[34] 约翰·S·布鲁贝克. 高等教育哲学 [M]. 王承绪等译，杭州：浙江教育出版社，1998：70.

[35] 雅斯贝尔斯. 什么是教育 [M]. 邹进译，北京：三联书店，1991：65.

[36] 袁振国. 教育政策学 [M]. 江苏：江苏教育出版社，2001.

[37] 周光礼. 学术自由与社会干预——大学学术自由的制度分析 [M]. 武汉：华中科技大学出版社，2003：25.

[38] 周进. 重点理工大学的转型 [M]. 武汉：华中科技大学出版社，2003：65.

[39] 张维迎. 大学的逻辑 [M]. 北京：北京大学出版社，2004.

[40] 朱小蔓. 模式建构与理论反思 [M]. 南京：南京师范大学出版社，1999：24-25.

[41] 张振刚. 中国研究型大学知识创新的战略研究 [M]. 北京：高等教育出版社，2003：60.

[42] W. 理查德·斯科特. 制度与组织——思想观念与物质利益 [M]. 姚伟，王黎芳译. 北京：中国人民大学出版社，2010.56.

[43] W. 理查德·斯科特，杰拉德·戴维斯. 组织理论：理性、自然与开放系统的视角 [M]. 高俊山译. 北京：中国人民大学出版社，

2011：20 - 21.

（二）期刊论文类

［1］郇浩．政策工具视角下高校创新人才培养政策分析及分类研究［J］.高教探索，2014（5）：5 - 1.

［2］陈玉琨．教学与科研相统一的原则——历史与现状的比较研究［J］.高等师范教育研究，2013（2）：5 - 6.

［3］邓军，段红梅．俄罗斯国立莫斯科大学的教学科研改革及人才培养［J］.中国地质教育，2003（4）：75 - 77.

［4］董泽芳．高校人才培养模式的概念界定与要素分析［J］.大学教育科学，2012（3）：4.

［5］邓旭．我国教育政策评价的实践模式及改进路径［J］.国家教育行政学院学报，2013（8）.

［6］邓正来．学术与人生［J］.民主与科学，2014（4）：12 - 15.

［7］葛章志，宋伟．地方政府促进科技成果转化新政策研究［J］.科技管理研究，2015（23）：30 - 35.

［8］郭传杰．坚持教学与科研结合培育创新型人才［J］.中国高等教育，2010（6）：32 - 35.

［9］郭婷，鄂正阳．校企合作人才培养模式下创新创业教育平台的建立与探索——以华北水利水电大学为例［J］.文化创新比较研究，2020，4（1）：130 - 131.

［10］高锡荣，张薇，陈流汀．科研政策对高校教师学术创新的引导效应分析［J］.科技和产业，2012（12）：107 - 111.

［11］何洁，周辉．科教结合促进创新人才培养质量提高［J］.中国高校科技，2016（4）：7 - 9.

［12］侯建国．科教结合　协同创新　不断提高科学研究水平与人才培养质量［J］.中国高等教育，2012（11）：38 - 40.

［13］胡建华．大学科学研究与创新型人才培养［J］.现代大学教育，2009（4）：1 - 4，112.

［14］胡锦绣．高校科研评价制度的国际比较研究［J］.科研管理，

2015 (s1): 30 - 34.

[15] 侯清麟, 刘文良. 高校教学、科研和谐发展的困惑与超越 [J]. 高等工程教育研究, 2012 (6): 91 - 95, 180.

[16] 蒋兴华, 谢惠加, 马卫华. 基于政策分析视角的科技成果转化问题及对策研究 [J]. 科技管理研究, 2016 (2): 54 - 59.

[17] 康翠萍. 我国专业学位教育质量提升策略——基于对辽宁地区四类专业学位点的实证调查 [J]. 现代教育管理, 2016 (3).

[18] 劳凯声. 创新治理机制、尊重学术自由与高等学校改革 [J]. 教育研究, 2015 (10).

[19] 兰军瑞. 德国现代大学制度的演进及趋势 [J]. 重庆文理学院学报, 2011 (30): 89.

[20] 李硕豪, 阎月勤. 高校培养模式刍议 [J]. 吉林教育科学, 2000 (2): 43 - 44.

[21] 李伟, 李竹. 高校创新型人才的思维特征、形成机制与培养路径 [J]. 江苏高教, 2017 (11): 77 - 80.

[22] 李永刚. 高校教学与科研结合的政策困局与破解路径——基于科教结合政策文本 (1987—2016 年) 的分析 [J]. 教师教育学报, 2017 (4): 84 - 92.

[23] 李永强, 陆彦文, 袁建民. 德国教学科研体制对我国人才培养模式的启示 [J]. 高等教育研究学报, 2013, 36 (S1): 35 - 37.

[24] 刘玉荣, 张进, 韩涛, 等. 基于协同创新、科教融合理念培养创新型人才 [J]. 高教学刊, 2018 (6): 35 - 37.

[25] 李元元. 坚持学术立校加快推进高水平研究型大学建设 [J]. 中国高教研究, 2009 (8): 32 - 34.

[26] 李志义. 推进十个转变实现大学教学改革新突破 [J]. 中国高等教育, 2012 (17): 27.

[27] 刘在洲, 张恒波. 促进人才培养: 高校科学研究义不容辞的责任 [J]. 高等农业教育, 2014 (7): 3 - 6.

[28] 马海泉, 任焕霞. 科教融合与全面提高高等教育质量——北

京师范大学校长钟秉林访谈录 [J]. 中国高校科技, 2012 (5).

[29] 马海泉. 创新驱动: 大学发展的源动力 [J]. 中国高校科技, 2017 (9).

[30] 马海泉. 也谈什么是现代大学 [J]. 中国高校科技, 2017 (7).

[31] 潘柳燕. 复合型人才及其培养模式刍议 [J]. 广西高教研究, 2001 (6): 52 - 53.

[32] 潘懋元. 产学研合作教育的几个理论问题 [J]. 中国大学教学, 2008 (3): 15.

[33] 彭向刚. 高水平研究型大学社科科研管理创新战略 [J]. 东南学术, 2009 (2): 159 - 162.

[34] 仇立. "双一流" 大学建设背景下创新人才培养路径研究 [J]. 继续教育, 2018, 32 (3): 33 - 34.

[35] 祁型雨. 由从属性到主体性: 我国教育政策本质观的回顾、反思与重构 [J]. 教育科学研究, 2017 (11).

[36] 任增元, 张丽莎. 现代大学的适应、变革与超越——基于欧美大学史的检视 [J]. 教育研究, 2017 (4).

[37] 孙绵涛. 知识创新是创建一流大学的关键 [J]. 高等教育研究, 2017, 38 (7): 1 - 9.

[38] 孙绵涛. 西方发达国家高等教育体制的若干特点及其借鉴意义 [J]. 教育研究与实验, 2004 (2).

[39] 孙绵涛. 教育体制理论的新诠释 [J]. 教育研究, 2004 (12).

[40] 孙绵涛. 教育机制理论的新诠释 [J]. 教育研究, 2006 (12).

[41] 孙绵涛. 学术自由性与受控性对立统一 [J]. 教育研究与实验, 2011 (1).

[42] 孙绵涛, 王刚. 我国现代学校制度建设的成就、问题与对策 [J]. 教育研究, 2013 (11).

[43] 孙绵涛. 专业化的教育政策分析 [J]. 教育研究, 2017 (12).

[44] 孙琪. 研究型大学本科人才培养模式改革研究及启示 [J].

山东师范大学学报：人文社会科学版，2013，58（6）：109－114.

［45］时伟．大学教学的学术性及其强化策略［J］．高等教育研究，2007（5）：71－75.

［46］宋喆．科学研究对人才培养的贡献力思考［J］．艺术百家，2013，29（S2）：408－409.

［47］苑世芬．基于国外实践的高校科研成果开放获取政策的构建与实施策略［J］．高校图书馆工作，2016（1）：57－61.

［48］魏红，程学竹，赵可．科研成果与大学教师教学效果的关系研究［J］．心理发展与教育，2006（2）：86－87.

［49］王晶金，刘立，王斐．高校与国立科研机构科技成果转移转化政策文本量化研究［J］．科学管理研究，2017（4）：24－27，35.

［50］王曼．信息管理与知识管理之比较分析［J］．新乡教育学院学报，2008，21（2）：30－32.

［51］王香丽．高校科研应服务于人才培养［J］．大学（学术版），2010（5）.

［52］王益玲．产学研合作教育培养创新型人才［J］．内蒙古师范大学学报（教育科学版），2007（9）：18－20.

［53］吴云勇．中国高校产权制度创新路径研究［J］．教育研究，2015（5）.

［54］吴云勇．研究生培养政策70年：演变逻辑与发展走向［J］．吉首大学学报（社会科学版），2019，40（6）：51－57.

［55］吴云勇．"双一流"大学创新型人才培养：理论内核、特质要义与建构方略［J］．内蒙古社会科学，2020（1）：194－200.

［56］王明华．高校科研激励政策正面与负面影响［J］．重庆文理学院学报，2015（6）：153－156.

［57］徐岚，卢乃桂．从教学与研究之关系看研究型大学本科教学的特点［J］．高等教育研究，209（7）：66－73.

［58］徐丽，李立辉．创新型人才培养中的教学与科研的融合探析［J］．时代金融，2016（9）：288－289.

［59］薛澜，刘军仪．建立现代大学制度、改革高校人才培养体制与机制［J］．清华大学教育研究，2011，32（5）：1-8.

［60］熊慕舟，潘胜利，曾德泽，梁庆中．"互联网+"背景下网络工程专业人才培养初探——以中国地质大学（武汉）网络工程专业为例［J］．当代教育实践与教学研究，2020（6）：30-31.

［61］杨灿明．新时代高校创新型人才培养［J］．国家教育行政学院学报，2018（7）：3-7.

［62］杨克瑞．"去行政化"背景下的学术权利与现代大学制度［J］．大学教育科学，2014（1）．

［63］阎光水．研究型大学中本科教学与科学研究间关系失衡的迷局［J］．高等教育研究，2012，7（33）：38-45.

［64］钟秉林．人才培养模式改革是高等学校内涵建设的核心［J］．高等教育研究，2013（1）．

［65］张斌贤，林伟，杜光强．外国教育史研究进展：2010—2014年［J］．教育研究，2016（1）．

［66］张新平．简论教育政策的本质、特点及功能［J］．江西教育科研，1999（1）：99.

［67］张德高．科研教学结合为人才培养提供强力支撑［J］．中国高等教育，2013（17）：44-45，54.

［68］周光礼．"双一流"建设中的学术突破——论大学学科、专业、课程一体化建设［J］．教育研究，2016，37（5）：72-76.

［69］周光礼，马海泉．科教融合：高等教育理念的变革与创新［J］．中国高教研究，2012（8）．

［70］周海涛，苑晶，鄂丽媛，吴云．应用型本科大学经管院系跨专业人才培养与课程设计研究［J］．中外企业家，2020（8）：192-193.

［71］张锦．寓科学研究和创新活动于环境工程专业创新人才培养［J］．科教导刊（中旬刊），2014（8）：36-37.

［72］周加伦．德国科研体制与科技队伍的建设［J］．德国研究，

2001（1）：51.

[73] 张磊. 科教融合的结构化与研究型大学的起源——约翰·霍普金斯大学的制度创新 [J]. 中国高教研究，2016（5）.

[74] 张晓红. 论科学研究在高校中的地位与功能 [J]. 国家教育行政学院学报，2011（5）：37－40.

[75] 赵宗辽. 论高校科学研究和创新型人才的培养 [J]. 技术与创新管理，2012，33（2）：137－139.

[76] 梁燕莹. "双一流"背景下研究生创新人才培养机制改革研究 [J]. 黑龙江教育（高教研究与评估），2019（3）：89－92.

[77] 余旺科. "双一流"背景下高校教师队伍建设探究 [J]. 教育教学论坛，2019（8）：50－51.

[78] 陈世伟，俞荣建. "双一流"建设背景下地方高校内部治理体系和治理能力现代化研究 [J]. 黑龙江高教研究，2019，37（2）：12－15.

[79] 霍楷，宁宇时. "双一流"高校建设背景下高校竞赛育人政策研究 [J]. 湖南包装，2018，33（6）：42－44.

[80] 马晓萌，徐峰. "双一流"高校自然科学基金面上项目资助特点探析 [J]. 情报工程，2018，4（6）：62－74.

[81] 朱永东. "双一流"高校要重视跨学科学术组织建设——基于美国研究型大学跨学科学术组织管理模式的分析 [J]. 研究生教育研究，2018（6）：64－69.

[82] 齐晓颖，刘海峰. "双一流"高校建设中研究生导师队伍优化路径探究 [J]. 高教学刊，2018（23）：150－153.

[83] 袁春潮，王格，杨加玉，强怡星. "双一流"建设高校 ESI 学科排名表现分析——基于前1‰学科的维度 [J]. 洛阳师范学院学报，2018，37（11）：61－64.

[84] 田恩舜. 示范与带动："双一流"建设对一般高校的影响——读《重点大学建设对一般高校发展的影响》有感 [J]. 中南民族大学学报（人文社会科学版），2018，38（6）：189.

［85］马宁，宋振世．基于 Altmetrics 的我国"双一流"高校 SSCI 成果影响力分析［J］．情报探索，2018（11）：77 - 83．

［86］杨慧磊．基于"双一流"建设的地方高校教学特色定位与教学方法创新［J］．中国成人教育，2018（18）：104 - 106．

［87］刘继文，聂明局，张南洋生．国际视域下的"双一流"建设及其中国特色体现［J］．大学教育，2018（11）：18 - 20，25．

［88］王超奕．"双一流"建设"中国化"路径探析［J］．教育评论，2018（10）：17 - 20．

［89］吴晶晶．国外高校内部治理对中国"双一流"高校建设的启示［J］．现代商贸工业，2018，39（31）：77 - 79．

［90］付海南，毛丽娅．"双一流"建设下高校人才培养的定位、缺位和进位［J］．黑龙江高教研究，2018，36（10）：11 - 14．

［91］姚宇华，黄彬，陈想平．"双一流"建设背景下我国理工类高校办学定位的实证研究［J］．黑龙江高教研究，2018，36（10）：15 - 19．

［92］杨玉浩．"双一流"建设：地方高校的梦想与抉择［J］．应用型高等教育研究，2018，3（3）：7 - 13．

［93］余旺科．"双一流"背景下研究生培养战略研究与探索［J］．科教文汇（下旬刊），2018（9）：33 - 34．

［94］刘纯明，李光明．"双一流"建设视角下普通高校研究生教育文化优化发展对策研究［J］．西部素质教育，2018，4（18）：1 - 2．

［95］何发胜．"双一流"建设背景下高校创新创业教育与专业教育的五位一体融合模式构建研究［J］．西部素质教育，2018，4（18）：145 - 146．

［96］熊宏齐．"双一流"建设中高校实验技术队伍持续发展之思考［J］．实验技术与管理，2018，35（9）：7 - 10，39．

［97］吴伟，朱嘉赞，沈利华，何晓薇．C9 高校学术发表水平距离世界一流水平还有多远？——与全球"四榜进士"大学的比较［J］．苏州大学学报（教育科学版），2018，6（3）：45 - 52．

[98] 崔彦群，钱国英，徐立清."双一流"背景下地方高校专业建设的突围与作为 [J]. 浙江万里学院学报，2018，31（5）：92 - 96.

[99] 李立国."双一流"高校的内涵式发展道路 [J]. 国家教育行政学院学报，2018（9）：14 - 19.

[100] 齐艳杰，薛彦华. 论"双一流"建设背景下河北省高等教育的改革与发展 [J]. 河北师范大学学报（教育科学版），2018，20（5）：108 - 113.

[101] 郭健. 加快"双一流"建设，实现河北高等教育高质量发展——基于河北大学办学思路与实践的分析 [J]. 社会科学论坛，2018（5）：42 - 49.

[102] 党彦虹."双一流"建设背景下高校教师流动现状、问题与对策 [J]. 黑龙江高教研究，2018，36（9）：1 - 4.

[103] 李连豪，李慧琴，田辉，朱书慧. 非"双一流"高校农业水土工程学科研究生培养的困境及思考 [J]. 科技视界，2018（25）：110 - 111.

[104] 张云玲. 基于"双一流"建设下的陕西民办高校内部治理结构的反思与完善 [J]. 现代营销（创富信息版），2018（9）：66 - 67.

[105] 王刚."双一流"战略背景下地方高校的发展之路探寻 [J]. 吉林工程技术师范学院学报，2018，34（8）：56 - 58.

[106] 李志鹏，谢祥，肖尤丹. 基于专利转让的"双一流"大学知识转化能力研究 [J]. 数字图书馆论坛，2018（8）：53 - 59.

[107] 岳春梅. 云南高校搞好"双一流"建设的若干建议 [J]. 智库时代，2018（34）：76，78.

[108] 钱卫国，黄奇星."双一流"高校建设背景下学生人文素质的培养与思考 [J]. 教育教学论坛，2018（33）：1 - 2.

[109] 刘振."双一流"背景下高校音乐专业"学、研、演"创新型人才培养模式探析 [J]. 艺术研究，2018（3）：172 - 175.

[110] 杨应红. 我国高校"双一流"建设研究 [J]. 黑龙江畜牧兽医，2018（15）：233 - 235.

[111] 杨栩，冯诗瑶．"双一流"建设背景下基于 CDIO 理念的研究生创新型人才培养模式研究 [J]．黑龙江高教研究，2018（8）：6 - 10.

[112] 陈艳．论"双一流"建设背景下的高校领军人才培养 [J]．科教文汇（下旬刊），2018（7）：23 - 24.

[113] 朱治亚，郭强．美国一流大学国际化战略研究 [J]．教育评论，2018（7）：156 - 160.

[114] 郭英剑．"双一流"建设之于外语学科的意义 [J]．当代外语研究，2018（4）：1 - 2.

[115] 王超，蒋萍．"双一流"建设视角下的高校区域创新能力研究 [J]．高等财经教育研究，2018，21（3）：4 - 6 + 9.

[116] 吴海江，楼世洲．"入围或突围"："双一流"建设背景下地方高校学科发展的挑战与应对 [J]．教育发展研究，2018，38（Z1）：22 - 29.

[117] 李健，李亚员．"双一流"高校毕业生就业结构、质量及行为研究 [J]．当代青年研究，2018（4）：85 - 91.

[118] 沈秋红，邵荣．"双一流"背景下我国新增硕士学位授予单位研究生教育探索 [J]．高教学刊，2018（14）：14 - 15，18.

[119] 姜华，苏永建，刘盛博，黄帅．"双一流"背景下构建高校评价体系的思考 [J]．中国高校科技，2018（7）：7 - 11.

[120] 陈中润．基于高等教育问责理论的"双一流"建设探析 [J]．黑龙江高教研究，2018，36（7）：5 - 8.

[121] 黄勇荣，崔艳，龙飞飞．"双一流"背景下地方高校学科调整的合理性分析 [J]．黑龙江高教研究，2018，36（7）：9 - 12.

[122] 韩利君，朱华鹏，王珊珊．"双一流"建设背景下西藏高等教育内涵式发展的几点思考 [J]．西藏教育，2018（6）：37 - 40.

[123] 张静．"双一流"背景下高校英语教学评价体系的构建 [J]．陕西教育（高教），2018（6）：14 - 15.

[124] 周先进，吉有余．地方高校"双一流"建设：挑战与抉择

[J]. 高等农业教育, 2018 (3): 18 – 22.

[125] 刘尧."双一流"建设评估困境何以突破——从全国第四轮学科评估结果引起舆论风波谈起 [J]. 评价与管理, 2018, 16 (02): 6 – 11.

[126] 黎瑛, 董文浩. 教育平衡:"双一流"建设高校及学科名录的冷思考 [J]. 黑龙江高教研究, 2018, 36 (06): 6 – 12.

[127] 平雪花. 陕西省属高水平大学创建一流大学对策研究 [D]. 西安建筑科技大学, 2018.

[128] 魏晓, 牟韶彬, 楚晓维. 东北地区"双一流"高校科研竞争力比较分析——基于 InCites 和 ESI 数据库 [J]. 图书馆学刊, 2018, 40 (02): 103 – 108.

[129] 郭伟, 张晓军. 练好"内功", 打造扎根中国大地的"双一流"高校——访西交利物浦大学执行校长席酉民 [J]. 大学 (研究版), 2018 (05): 4 – 13.

[130] 廖祥忠, 谭笑."一流专业"群: 争创"双一流"的核心竞争力 [J]. 中国高等教育, 2018 (09): 43 – 45.

[131] 钟建林."双一流"建设的历史理路、现实审思与未来路向 [J]. 东南学术, 2018 (03): 115 – 122.

[132] 李园, 郝羚洋."双一流"大环境下高校师资队伍建设的探究 [J]. 教育现代化, 2018, 5 (18): 80 – 81.

[133] 张建奇, 刘向红. 广东省"双一流"建设中人才引进的现状及对策建议 [J]. 广东技术师范学院学报, 2018, 39 (02): 8 – 12.

[134] 王凯, 鲁世林. 基于东北三省一流学科建设的地方经济发展: 契机、优化与转型 [J]. 长春教育学院学报, 2018, 34 (03): 18 – 21.

[135] 徐润."双一流"背景下高校教师绩效评估的问题探析与优化策略 [J]. 安康学院学报, 2018, 30 (02): 113 – 117.

[136] 李茹, 宋碧艳, 李鹏, 鲁明, 王学娟."双一流"引导专项绩效评价研究 [J]. 教育财会研究, 2018, 29 (02): 20 – 26.

［137］杨登才，刘畅，李杰.“双一流”背景下地方高校发展路径探析［J］.中国高校科技，2018（04）：10－12.

［138］杨国亮，王志华.“双一流”背景下多校区大学生社会比较倾向与心理资本［J］.西部素质教育，2018，4（07）：13－15，18.

［139］卞翠.“双一流”背景下高校招考制度改革——来自法国一流高校的启示［J］.全球教育展望，2018，47（04）：74－82.

［140］张继平，覃琳.学科评估服务“双一流”建设：理念、目的与机制［J］.研究生教育研究，2018（02）：67－71.

［141］闻羽.“双一流”高校创新创业教育的价值追求与实施策略［J］.创新创业理论研究与实践，2018，1（07）：1－3.

［142］刘明.“双一流”高校对创新型人才的培养研究［A］.《教师教学能力发展研究》科研成果集（第十六卷）［C］.《教师教学能力发展研究》总课题组，2018：4.

［143］赵鼎洲，樊丽沙.探索“双一流”视域下地方高校学科建设的定位、困境与思路［J］.辽宁教育行政学院学报，2018，35（02）：30－34.

［144］常静，孙杰.“双一流”建设背景下地方高校的多元化社会筹资［J］.中国高等教育，2018（06）：41－43.

［145］董一秋.基于 DEA 模型江苏入选“双一流”高校科研绩效研究［D］.南京师范大学，2018.

［146］史文霞，张建军.当前我国“双一流”建设亟需跨越的障碍［J］.高等教育研究学报，2018，41（01）：13－17.

［147］高文涛，郝文武.中国“双一流”建设的学校、学科和地区分布分析［J］.当代教师教育，2018，11（01）：30－36.

［148］褚照锋.地方政府推进一流大学与一流学科建设的策略与反思——基于24个地区“双一流”政策文本的分析［J］.评价与管理，2018，16（01）：31－37.

［149］王建国.加快中国特色世界一流大学建设的思考［J］.中国高教研究，2018（02）：13－17.

[150] 刘尧飞. "双一流"建设热背后的冷思考 [J]. 江西科技师范大学学报, 2018 (01): 86 – 90, 128.

[151] 于洪, 王雪岩. 双一流背景下高校教学质量常态监测评估体系的思考 [J]. 劳动保障世界, 2018 (05): 78.

[152] 徐雪松, 金泳. "双一流"背景下地方性高校研究生的创新教育研究 [J]. 文化创新比较研究, 2018, 2 (04): 97 – 98.

[153] 李斌琴, 彭旭, 丁云华. "双一流"背景下部委属高校与地方高校的协同发展——政策研究的视角 [J]. 当代教育科学, 2018 (01): 27 – 32.

[154] 陈媛. 双一流背景下我国高校建设研究 [J]. 教育现代化, 2018, 5 (05): 324 – 325, 328.

[155] 张旺, 龙柯. "双一流"建设背景下高校分类发展的依据及实践路径 [J]. 教育评论, 2018 (01): 3 – 7.

[156] 刘林涵. 湖北"双一流"建设面临的挑战及对策 [J]. 学习月刊, 2018 (01): 22 – 24.

[157] 张伟, 薄存旭. "双一流"建设的价值逻辑与实践路径——基于四省"双一流"建设的系列政策文本分析 [J]. 现代教育管理, 2018 (01): 19 – 25.

[158] 田联进. "双一流"名单出炉: 亮点、不足及建议 [J]. 宜宾学院学报, 2018, 18 (01): 17 – 26, 41.

[159] 殷志祥. "双一流"建设中普通地方高校内涵发展路径研究 [J]. 安徽理工大学学报 (社会科学版), 2018, 20 (01): 97 – 99.

[160] 邹兵. "双一流"背景下我国高校治理的优化路径 [J]. 江苏高教, 2018 (01): 19 – 23.

[161] 章兴棋, 应窆. "双一流"高校实验技术队伍建设的探究 [J]. 文教资料, 2018 (01): 138 – 139, 172.

[162] 叶中华. "双一流": 中国高等教育改革之"双翼"[J]. 科技导报, 2017, 35 (24): 11 – 13.

[163] 张亚萍. 我国高校实现"双一流"建设的路径探讨 [J]. 决

策咨询, 2017 (06): 13 - 15, 20.

[164] 魏刚. "双一流": 高校的机遇与挑战 [J]. 科学新闻, 2017 (12): 20 - 25.

[165] 许春华. "双一流"大学建设背景下的高校科研创新团队建设 [J]. 福建医科大学学报 (社会科学版), 2017, 18 (04): 16 - 20.

[166] 陈路, 王艳艳. "双一流"建设背景下的高校分类发展 [J]. 教育发展研究, 2017, 37 (23): 50 - 55.

[167] 殷忠勇. 基于学科, 重建大学: 一流学科建设高校的建设方略 [J]. 江苏高教, 2017 (12): 31 - 34.

[168] 杨迎华. "双一流"大学建设视角下的西部大学英语教学改革刍议 [J]. 贵州师范学院学报, 2017, 33 (11): 72 - 75.

[169] 戎小飞, 李华. "双一流"建设背景下重庆高校师资建设路径 [J]. 教育现代化, 2017, 4 (48): 121 - 125.

[170] 蔡言厚, 蔡莉. 入选"双一流"学校名单和档次的启示——以湖南省为例 [J]. 中国高等教育评估, 2017, 28 (04): 57 - 62.

[171] 谢贵兰. "双一流"建设和研究中的追问 [J]. 教育现代化, 2017, 4 (46): 357 - 358.

[172] . 天津中医药大学入选"双一流"建设高校名单 [J]. 天津中医药, 2017, 34 (11): 741.

[173] 王迪钊. "双一流"建设背景下高校教师合理流动问题及对策研究——基于生态位的视角 [J]. 教育发展研究, 2017, 37 (21): 52 - 57.

[174] 赵薇, 邱立国. "双一流"建设背景下创新创业教育与专业教育有机融合研究 [J]. 黑河学院学报, 2017, 8 (10): 70 - 71.

[175] 许小姣. "双一流"建设背景下高校教学秘书在教学管理中的地位和作用 [J]. 文教资料, 2017 (29): 192 - 193.

[176] 董丽红. "双一流"战略下高校教师队伍专业化建设 [J]. 黑龙江高教研究, 2017 (10): 113 - 115.

[177] 孙连娣."双一流"政策下对地方本科高校考古专业的思考 [J]. 邯郸学院学报，2017，27（3）：113 – 116.

[178] 曾丽，林创伟.双一流建设背景下高校教师激励机制研究 [J]. 文教资料，2017（26）：132 – 133.

[179] 姜朝晖.高校人才合理有序流动：理论之维与实践之径 [J]. 高校教育管理，2017，11（5）：7 – 12.

[180] 刘广生.我国行业特色型高校学科协调发展研究 [J]. 中国成人教育，2017（16）：20 – 25.

[181] 刘永亮，高鸿雁."双一流"建设背景下安徽高等教育的改革与发展——安徽高等教育论坛 2017 年会综述 [J]. 淮北师范大学学报（哲学社会科学版），2017，38（4）：142 – 144.

[182] 车如山，赵佳欣."双一流"建设背景下的地方高校发展研究 [J]. 教育与教学研究，2017，31（8）：37 – 43.

[183] 东艳.创新驱动理念下高校学报服务"双一流"建设探讨 [J]. 西安航空学院学报，2017，35（4）：93 – 96.

[184] .基于"双一流"建设计划的高等教育强省排行榜 [J]. 评价与管理，2017，15（2）：74.

[185] 程洁，周丛照.从 THE 排名透视中国高校"双一流"建设思路 [J]. 高等教育研究学报，2017，40（2）：15 – 20.

[186] 刘海峰."双一流"建设中的公平与效率问题 [J]. 高等教育评论，2017，5（2）：8 – 17.

[187] 宋清华.关于金融学建设世界一流学科的思考 [J]. 高等教育评论，2017，5（2）：25 – 55.

（三）硕博士论文类

[1] 邓静芬.20 世纪 90 年代以来德国高等教育管理体制改革研究 [D]. 浙江师范大学，2009.

[2] 郜红晶.俄罗斯创新型大学人才培养模式研究 [D]. 沈阳师范大学，2017.

[3] 高渐伟.高校创新型人才培养模式研究 [D]. 中原工学院，

2018.

[4] 李盛. WTO 与大学本科法律人才培养模式改革 [D]. 首都师范大学硕士论文, 2002.

[5] 谭佳琴. ×高校科技创新人才培养策略研究 [D]. 西安理工大学, 2018.

[6] 卿灿. 地方本科高校应用型人才培养质量影响因素的实证研究 [D]. 沈阳师范大学, 2018.

[7] 熊枫. 科学研究支撑大学人才培养政策研究 [D]. 沈阳师范大学, 2019.

[8] 郑丹. 俄罗斯"科教一体化"模式与借鉴研究 [D]. 哈尔滨师范大学, 2012.

[9] 王慧雯. "双一流"背景下大学行为文化建设的策略研究 [D]. 大连理工大学, 2017.

[10] 易曙光. "双一流"视角下高校教学单位优化设置项目管理 [D]. 青岛大学, 2017.

[11] 魏丽颖. "双一流"战略下河北省高水平大学建设研究 [D]. 河北大学, 2017.

(四)其他类

[1] 陈宗周. 周光召:今天的科技界民主氛围太少 [N]. 南方周末, 2007 – 12 – 06(A08).

[2] 国务院关于印发统筹推进世界一流大学和一流学科建设总体方案的通知 [EB/OL]. http://www.gov.cn/zhengce/content/2015 – 11/05/content_10269.htm.

[3] 教育部关于举办第五届中国"互联网 +"大学生创新创业大赛的通知 – 中华人民共和国教育部政府门户网站, http://www.moe.edu.c.

[4] 美国高质量高等教育研究小组. 投身学习:发挥美国高等教育的潜力 [A]. 教育发展与政策研究中心. 发达国家教育改革的动向和趋势 [C]. 北京:人民教育出版社, 1986.62.

［5］刘尧.以中国特色评价体系支持"双一流"建设［N］.中国社会科学报,2017 - 11 - 28（008）.

［6］陆根书."双一流"为世界高等教育贡献中国智慧［N］.文汇报,2017 - 10 - 08（006）.

［7］祝乃娟.打造"双一流"需要多项配套改革［N］.21世纪经济报道,2017 - 09 - 25（003）.

［8］陈志文.双一流:对高校过度综合化的重塑［N］.中国青年报,2017 - 09 - 25（009）.

［9］胡浩."双一流"如何选出［N］.团结报,2017 - 09 - 23（004）.

［10］高靓.探索世界一流大学建设的中国模式［N］.中国教育报,2017 - 09 - 22（001）.

［11］涂建敏.一流城市更需一流高校支撑［N］.杭州日报,2017 - 09 - 22（002）.

［12］韩中锋.抢人大战不宜只盯着"双一流"［N］.中国青年报,2018 - 04 - 18（002）.

［13］张晶."双一流"建设背景下高校科研卓越发展策略研究［A］.辽宁省高等教育学会.辽宁省高等教育学会2017年学术年会优秀论文一等奖论文集［C］.辽宁省高等教育学会:辽宁省高等教育学会,2018:5.

二、外文文献

（一）著作类

［1］Clark B R. The higher education system:academic organization in cross-national perspective［M］.Berkeley,Calif:University of California Press,1983.

［2］Erec Ashby. Universities:British,Indian,African,A Study in the Ecology of Higher Education［M］.Harvard University Press,1966:290.

［3］Hutchins. R. M. The University of Utopia［M］.Chicago:The University of Chicago Press,1936.

〔4〕 Negal. s. s. Policy Analysis Methods 〔M〕. New York： Nova science Publisher，1999.

〔5〕 Taylor. S，Rizvi，F. ，Lingard，B，Henry. M. Educational Policy and the Politics of Change 〔M〕. London and New York： Routledge，1997.

〔6〕 W. Richard Scott，Institutions and Organizations： Ideas，Interests，and Identities（Thousand Oaks： Sage Publications，2014），55.

（二）期刊论文类

〔1〕 Amanda H. Schmidt，Alicia S. T. Robbins，Julie K. Combs，Adam Freeburg，etc. New model for training graduate students to conduct interdisciplinary，interorganizational，and international research 〔J〕. Bio Science，2012（3）：296 – 304.

〔2〕 Globalization of Science and Engineer Research 〔EB/OL〕. http：//www. nsf. gov/statistics/nsb1003/definitions. htm.

〔3〕 Juidht A. Hstead. Council on undergrate research： （a resoucre and a community） for science educators 〔J〕. Journal of Chemistry Educaiton，1997（2）：148 – 149.

〔4〕 Leo Reisberg. Research by undergraduates proiliferates but it some of it just glorified homework? 〔J〕. The Chronicle of Higher Education，1998（37）：45 – 47.

〔5〕 Philip Wankat，Frank Oreovica. Surfing Young 〔J〕. ASEE Prism，2002（6）：40.

〔6〕 Stefan Ziemski，The Typology of Scientific Research 〔J〕. General Philosophy of Science，1975（2）：276.

附录1

"双一流" 建设高校名单
（按学校代码排序）

一、一流大学建设高校42所

1. A类36所

北京大学、中国人民大学、清华大学、北京航空航天大学、北京理工大学、中国农业大学、北京师范大学、中央民族大学、南开大学、天津大学、大连理工大学、吉林大学、哈尔滨工业大学、复旦大学、同济大学、上海交通大学、华东师范大学、南京大学、东南大学、浙江大学、中国科学技术大学、厦门大学、山东大学、中国海洋大学、武汉大学、华中科技大学、中南大学、中山大学、华南理工大学、四川大学、重庆大学、电子科技大学、西安交通大学、西北工业大学、兰州大学、国防科技大学。

2. B类6所

东北大学、郑州大学、湖南大学、云南大学、西北农林科技大学、新疆大学。

二、一流学科建设高校95所

北京交通大学、北京工业大学、北京科技大学、北京化工大学、北京邮电大学、北京林业大学、北京协和医学院、北京中医药大学、首都师范大学、北京外国语大学、中国传媒大学、中央财经大学、对外经济贸易大学、外交学院、中国人民公安大学、北京体育大学、中央音乐学院、中国音乐学院、中央美术学院、中央戏剧学院、中国政法大学、天津工业大学、天津医科大学、天津中医药大学、华北电力大学、河北工业大学、太原理工大学、内蒙古大学、辽宁大学、大连海事大学、延边大学、东北师范大学、哈尔滨工程大学、东北农业大学、东北林业大学、华东理工大学、东华大学、上海海洋大学、上海中医药大学、上海外国语大学、上海财经大学、上海体育学院、上海音乐学院、上海大学、苏州大学、南京航空航天大学、南京理工大学、中国矿业大学、南京邮电大学、河海大学、江南大学、南京林业大学、南京信息工程大学、南京农业大学、南京中医药大学、中国药科大学、南京师范大学、中国美术学院、安徽大学、合肥工业大学、福州大学、南昌大学、河南大学、中国地质大学、武汉理工大学、华中农业大学、华中师范大学、中南财经政法大学、湖南师范大学、暨南大学、广州中医药大学、华南师范大学、海南大学、广西大学、西南交通大学、西南石油大学、成都理工大学、四川农业大学、成都中医药大学、西南大学、西南财经大学、贵州大学、西藏大学、西北大学、西安电子科技大学、长安大学、陕西师范大学、青海大学、宁夏大学、石河子大学、中国石油大学、宁波大学、中国科学院大学、第二军医大学、第四军医大学。

附录2

"双一流"建设学科名单
（按学校代码排序）

北京大学：哲学、理论经济学、应用经济学、法学、政治学、社会学、马克思主义理论、心理学、中国语言文学、外国语言文学、考古学、中国史、世界史、数学、物理学、化学、地理学、地球物理学、地质学、生物学、生态学、统计学、力学、材料科学与工程、电子科学与技术、控制科学与工程、计算机科学与技术、环境科学与工程、软件工程、基础医学、临床医学、口腔医学、公共卫生与预防医学、药学、护理学、艺术学理论、现代语言学、语言学、机械及航空航天和制造工程、商业与管理、社会政策与管理

中国人民大学：哲学、理论经济学、应用经济学、法学、政治学、社会学、马克思主义理论、新闻传播学、中国史、统计学、工商管理、农林经济管理、公共管理、图书情报与档案管理

清华大学：法学、政治学、马克思主义理论、数学、物理学、化学、生物学、力学、机械工程、仪器科学与技术、材料科学与工程、动力工程及工程热物理、电气工程、信息与通信工程、控制科学与工程、计算机科学与技术、建筑学、土木工程、水利工程、化学工程与技术、核科学与技术、环境科学与工程、生物医学工程、城乡规划学、风景园林学、软件工程、管理科学与工程、工商管理、公共管理、设计学、会计与金融、经济学和计量经济学、统计学与运筹学、现代语言学

北京交通大学：系统科学

北京工业大学：土木工程（自定）①

北京航空航天大学：力学、仪器科学与技术、材料科学与工程、控制科学与工程、计算机科学与技术、航空宇航科学与技术、软件工程

北京理工大学：材料科学与工程、控制科学与工程、兵器科学与技术

北京科技大学：科学技术史、材料科学与工程、冶金工程、矿业工程

北京化工大学：化学工程与技术（自定）

北京邮电大学：信息与通信工程、计算机科学与技术

中国农业大学：生物学、农业工程、食品科学与工程、作物学、农业资源与环境、植物保护、畜牧学、兽医学、草学

北京林业大学：风景园林学、林学

北京协和医学院：生物学、生物医学工程、临床医学、药学

北京中医药大学：中医学、中西医结合、中药学

北京师范大学：教育学、心理学、中国语言文学、中国史、数学、地理学、系统科学、生态学、环境科学与工程、戏剧与影视学、语言学

首都师范大学：数学

北京外国语大学：外国语言文学

中国传媒大学：新闻传播学、戏剧与影视学

中央财经大学：应用经济学

对外经济贸易大学：应用经济学（自定）

外交学院：政治学（自定）

中国人民公安大学：公安学（自定）

北京体育大学：体育学

中央音乐学院：音乐与舞蹈学

中国音乐学院：音乐与舞蹈学（自定）

中央美术学院：美术学、设计学

---

① （1）不加（自定）标示的学科，是根据"双一流"建设专家委员会确定的标准而认定的学科；（2）加（自定）标示的学科，是根据"双一流"建设专家委员会建议由高校自主确定的学科；（3）高校建设方案中的自主建设学科按照专家委员会的咨询建议修改后由高校自行公布。

中央戏剧学院：戏剧与影视学

中央民族大学：民族学

中国政法大学：法学

南开大学：世界史、数学、化学、统计学、材料科学与工程

天津大学：化学、材料科学与工程、化学工程与技术、管理科学与工程

天津工业大学：纺织科学与工程

天津医科大学：临床医学（自定）

天津中医药大学：中药学

华北电力大学：电气工程（自定）

河北工业大学：电气工程（自定）

太原理工大学：化学工程与技术（自定）

内蒙古大学：生物学（自定）

辽宁大学：应用经济学（自定）

大连理工大学：化学、工程

东北大学：控制科学与工程

大连海事大学：交通运输工程（自定）

吉林大学：考古学、数学、物理学、化学、材料科学与工程

延边大学：外国语言文学（自定）

东北师范大学：马克思主义理论、世界史、数学、化学、统计学、材料科学与工程

哈尔滨工业大学：力学、机械工程、材料科学与工程、控制科学与工程、计算机科学与技术、土木工程、环境科学与工程

哈尔滨工程大学：船舶与海洋工程

东北农业大学：畜牧学（自定）

东北林业大学：林业工程、林学

复旦大学：哲学、政治学、中国语言文学、中国史、数学、物理学、化学、生物学、生态学、材料科学与工程、环境科学与工程、基础医学、临床医学、中西医结合、药学、机械及航空航天和制造工程、现

代语言学

同济大学：建筑学、土木工程、测绘科学与技术、环境科学与工程、城乡规划学、风景园林学、艺术与设计

上海交通大学：数学、化学、生物学、机械工程、材料科学与工程、信息与通信工程、控制科学与工程、计算机科学与技术、土木工程、化学工程与技术、船舶与海洋工程、基础医学、临床医学、口腔医学、药学、电子电气工程、商业与管理

华东理工大学：化学、材料科学与工程、化学工程与技术

东华大学：纺织科学与工程

上海海洋大学：水产

上海中医药大学：中医学、中药学

华东师范大学：教育学、生态学、统计学

上海外国语大学：外国语言文学

上海财经大学：统计学

上海体育学院：体育学

上海音乐学院：音乐与舞蹈学

上海大学：机械工程（自定）

南京大学：哲学、中国语言文学、外国语言文学、物理学、化学、天文学、大气科学、地质学、生物学、材料科学与工程、计算机科学与技术、化学工程与技术、矿业工程、环境科学与工程、图书情报与档案管理

苏州大学：材料科学与工程（自定）

东南大学：材料科学与工程、电子科学与技术、信息与通信工程、控制科学与工程、计算机科学与技术、建筑学、土木工程、交通运输工程、生物医学工程、风景园林学、艺术学理论

南京航空航天大学：力学

南京理工大学：兵器科学与技术

中国矿业大学：安全科学与工程、矿业工程

南京邮电大学：电子科学与技术

河海大学：水利工程、环境科学与工程

江南大学：轻工技术与工程、食品科学与工程

南京林业大学：林业工程

南京信息工程大学：大气科学

南京农业大学：作物学、农业资源与环境

南京中医药大学：中药学

中国药科大学：中药学

南京师范大学：地理学

浙江大学：化学、生物学、生态学、机械工程、光学工程、材料科学与工程、电气工程、控制科学与工程、计算机科学与技术、农业工程、环境科学与工程、软件工程、园艺学、植物保护、基础医学、药学、管理科学与工程、农林经济管理

中国美术学院：美术学

安徽大学：材料科学与工程（自定）

中国科学技术大学：数学、物理学、化学、天文学、地球物理学、生物学、科学技术史、材料科学与工程、计算机科学与技术、核科学与技术、安全科学与工程

合肥工业大学：管理科学与工程（自定）

厦门大学：化学、海洋科学、生物学、生态学、统计学

福州大学：化学（自定）

南昌大学：材料科学与工程

山东大学：数学、化学

中国海洋大学：海洋科学、水产

中国石油大学（华东）：石油与天然气工程、地质资源与地质工程

郑州大学：临床医学（自定）、材料科学与工程（自定）、化学（自定）

河南大学：生物学

武汉大学：理论经济学、法学、马克思主义理论、化学、地球物理学、生物学、测绘科学与技术、矿业工程、口腔医学、图书情报与档案

管理

华中科技大学：机械工程、光学工程、材料科学与工程、动力工程及工程热物理、电气工程、计算机科学与技术、基础医学、公共卫生与预防医学

中国地质大学（武汉）：地质学、地质资源与地质工程

武汉理工大学：材料科学与工程

华中农业大学：生物学、园艺学、畜牧学、兽医学、农林经济管理

华中师范大学：政治学、中国语言文学

中南财经政法大学：法学（自定）

湖南大学：化学、机械工程

中南大学：数学、材料科学与工程、冶金工程、矿业工程

湖南师范大学：外国语言文学（自定）

中山大学：哲学、数学、化学、生物学、生态学、材料科学与工程、电子科学与技术、基础医学、临床医学、药学、工商管理

暨南大学：药学（自定）

华南理工大学：化学、材料科学与工程、轻工技术与工程、农学

广州中医药大学：中医学

华南师范大学：物理学

海南大学：作物学（自定）

广西大学：土木工程（自定）

四川大学：数学、化学、材料科学与工程、基础医学、口腔医学、护理学

重庆大学：机械工程（自定）、电气工程（自定）、土木工程（自定）

西南交通大学：交通运输工程

电子科技大学：电子科学与技术、信息与通信工程

西南石油大学：石油与天然气工程

成都理工大学：地质学

四川农业大学：作物学（自定）

成都中医药大学：中药学

西南大学：生物学

西南财经大学：应用经济学（自定）

贵州大学：植物保护（自定）

云南大学：民族学、生态学

西藏大学：生态学（自定）

西北大学：地质学

西安交通大学：力学、机械工程、材料科学与工程、动力工程及工程热物理、电气工程、信息与通信工程、管理科学与工程、工商管理

西北工业大学：机械工程、材料科学与工程

西安电子科技大学：信息与通信工程、计算机科学与技术

长安大学：交通运输工程（自定）

西北农林科技大学：农学

陕西师范大学：中国语言文学（自定）

兰州大学：化学、大气科学、生态学、草学

青海大学：生态学（自定）

宁夏大学：化学工程与技术（自定）

新疆大学：马克思主义理论（自定）、化学（自定）、计算机科学与技术（自定）

石河子大学：化学工程与技术（自定）

中国矿业大学（北京）：安全科学与工程、矿业工程

中国石油大学（北京）：石油与天然气工程、地质资源与地质工程

中国地质大学（北京）：地质学、地质资源与地质工程

宁波大学：力学

中国科学院大学：化学、材料科学与工程

国防科技大学：信息与通信工程、计算机科学与技术、航空宇航科学与技术、软件工程、管理科学与工程

第二军医大学：基础医学

第四军医大学：临床医学（自定）